Das Schicksal der
Lena Christ

W0247295

Günter Goepfert

Das Schicksal der Lena Christ

List Verlag
München · Leipzig

Umschlagentwurf: Kaselow Design, München, unter Verwendung eines
Portraitphotos der Lena Christ, um 1918

Vierte überarbeitete und ergänzte Auflage
14. bis 16. Tausend der Gesamtauflage

ISBN 3-471-77676-1

© 1993 Paul List Verlag
in der Südwest Verlag GmbH & Co. KG, München
Alle Rechte vorbehalten. Printed in Germany
Satz: Typodata GmbH, München
Druck und Bindung: Bosch-Druck, Landshut

Inhalt

Frau Lena Dietz gewidmet

Geburtsurkunde der Lena Christ

A.

Nr. 43

Glonn am 1. November 1881

Vor dem unterzeichneten Standesbeamten erschienen heute, der
Persönlichkeit nach _____ be kannt,

Hebamme Barbara Fischer
wohnhaft zu Kleinkarolinenfeld Hs. N. 64

Religion, und zeigte an, daß von der
Andrea Magdalena Pichler
Maurersehefrau der
Glonn katholischer Religion,
wohnhaft bei ihrem Mann Walthasar
Magdalena Pichler
zu Glonn Hs. Nro. 48
am dreißigsten Oktober des Jahres
tausend acht hundert acht zig und eins Vormittags
um halb Zwei Uhr ein Kind weiblichen
Geschlechts geboren worden sei, welches den Vornamen
Magdalena erhalten habe.

Vorgelesen, genehmigt und unterzeichnet

Barbara Fischer

Der Standesbeamte.
Martin Niedermaier

Laut Mitteilung des Amts-
gerichtes Ebersberg vom
5. Dezember 1881 hat sich der
jetzige geschäftige Streuke Carl
Christ von Monschroe, dg. auch
derzeit Köchin? zu bekannt? bei
Bildermäler Hering in München
zu Vater des nebenbezeichneten,
in der Manuersteshr? ehelichen
ersten geborenen Kindes
bekannt.
Glonn den 11. August 1929
Der Standesbeamte.
In Vertretung: Decker

Vorwort

Es spricht für das anhaltende Interesse an Leben und Werk der Lena Christ, daß nun, im Zusammenhang mit der neu edierten dreibändigen Gesamtauflage der Dichterin, diese Biographie in vierter Auflage erscheinen kann.

Schon in meiner frühen Jugend hat mich das Schicksal dieser Frau tief beeindruckt. Seither sind mir auch ihre Werke vertraut, deren Erstausgaben mir mein Vater vererbt hat. Und sicherlich war es kein Zufall, daß ich während meiner Tätigkeit im Albert Langen-Georg Müller Verlag die letzten verzweifelten Briefe der Autorin an Korfiz Holm entdeckte, deren Worte sich mir unauslöschlich einprägten. Jedoch erst zum 50. Todestag der Dichterin erhielt ich die entscheidenden Impulse, die mich drängten, ihren Lebensweg zu erforschen und biographische Lücken zu schließen. Im Gegensatz zu den subjektiven, mitunter dichterisch verfremdeten »Erinnerungen einer Überflüssigen« und dem ichbezogenen Buch ihres zweiten Ehemanns, Peter Benedix, »Der Weg der Lena Christ«, erschien es mir zwingend, diesen beiden Veröffentlichungen einen objektiven und, soweit möglich, auf Tatsachen gestützten Lebensabriß gegenüberzustellen. Er mag als Schlüssel zum Schicksal und Werk dieser größten altbayerischen Dichterin dienen.

Es ist mir ein Anliegen, die Danksagungen an dieser Stelle erneut auszusprechen, denn ohne die liebenswürdige Unterstützung von Frau Lena Dietz, der Tochter von Lena Christ, und Herrn Friedrich Isaak, dem 1973 verstorbenen Stiefbruder der Autorin, die mit ihrem reichen Wissen und den mir überlassenen Photos aus Familienbesitz einen großen Beitrag zu dieser Biographie geleistet haben, wäre meine Arbeit undenkbar gewesen.

Herzlich danke ich auch Herrn Dipl.-Ing. Hans Frey, München, der mir seinerzeit das umfangreiche, im Münchner Stadtarchiv erarbeitete genealogische Material in uneigennütziger Weise zur Verfügung gestellt hat und für die zweite Auflage den Nachweis erbrachte, daß es das Aus-

wandererschiff »Cimbria« tatsächlich gab, jedoch Karl
Christ sich nicht unter den Passagieren befunden hat. Mein
Dank gilt ebenso dem 1974 heimgegangenen Glonner
Oberschulrat, Herrn Wolfgang Koller, soweit es die Doku-
mente und Informationen aus der Kinderheimat der Lena
Christ betrifft, sowie Herrn Josef Dietzinger aus Neumarkt-St. Veit, der im Pockinger Pfarramt den Stamm-
baum der Isaak erforschte und damit eine Berichtigung
hinsichtlich der Erstveröffentlichung ermöglichte.

Danken möchte ich nochmals den Damen und Herren
vom Münchner Stadtarchiv sowie Herrn Richard Lemp,
dem ehemaligen Leiter der Handschriftenabteilung der
Stadtbibliothek, für die tatkräftige Unterstützung. Und
erwähnen darf ich zu guter Letzt Frau Dr. Elisabeth Wolf,
Nürnberg, eine Christ-Verwandte. Sie machte mir in jüngster Zeit ihre Familienchronik zugänglich, der ich bisher
unbekannte Informationen über Lena Christs Vater, Karl
Christ, sowie gleichermaßen interessante wie bedeutungs-
volle biographische Details seiner Lebensgeschichte ent-
nehmen konnte.

Möge auch diese Neuauflage mithelfen, das Verständnis
für Lena Christ und ihr Werk weiter zu fördern.

München, im Frühjahr 1993   Günter Goepfert

Heimat in Glonn

Bei klarem Wetter dominiert die charakteristische Gestalt
des Wendelsteins in dieser Landschaft, die zu den lieblich-
sten Gegenden Altbayerns gehört. Es ist eine typische,
leicht hügelige Voralpenlandschaft mit sauberen Dörfern,
weiten Wiesenflächen, mit Getreidefeldern und stattlichen
Forsten. Auf ihrem Weg zur Mangfall schlängelt sich die
Glonn durch saftiges Weideland, und in ihr Tal gebettet
liegt der Ort gleichen Namens, liegt der freundliche Markt-
flecken Glonn, wo Lena Christ im alten Hansschusterhaus
am 30. Oktober 1881 das Licht der Welt erblickt hat. Das
alte, kaum einen Steinwurf weit vom Bach entfernte
Anwesen steht nicht mehr. In die Fassade des im Jahre 1956
errichteten Neubaus hat man eine von Professor Theodor
Georgii (Schüler und Schwiegersohn des Bildhauers Adolf
von Hildebrand) geschaffene Erinnerungstafel mit dem
Profil der Dichterin eingelassen. Die Inschrift lautet:

1881   1920
LENA CHRIST
HEIMAT-
SCHRIFTSTELLERIN
GEBOREN HIER IM
ALTEN HAUS

Die Straße, in der das neue Haus mit der Nummer 38 steht,
ist nach Lena Christ benannt.

Mathias Pichler und das Hansschusterhaus

Es gibt keinen Menschen im Leben der Lena Christ, der
einen tieferen und nachhaltigeren Eindruck auf sie gemacht
und der ihr mehr Liebe und Verständnis entgegengebracht
hätte, als ihr Glonner Großvater Mathias Pichler. Er war
die Güte und Hilfsbereitschaft in Person. Bei ihm verbrachte sie die ersten sieben Jahre ihres Lebens. Gemessen

an jener Zeit, die nachher kam, war sie bei ihm im Paradies. Betrachtet man sein Bild, das eine glückliche Fügung erhalten hat, könnte man glauben, die Photographie eines englischen Lords vor sich zu haben.

»Der Großvater«, so erzählt sie in ihren »Erinnerungen«, »war bartlos und groß und gerade gewachsen und hatte trotz der mannigfachen schweren Arbeit schlanke schöne Hände. Die hab ich in späterer Zeit oft betrachtet, wenn er am Abend auf der Hausbank saß und über irgend etwas nachdachte. «

Großvater Mathias Pichler

Geburtshaus in Glonn

Das Hansschusterhaus, so hieß es laut einer Urkunde schon um das Jahr 1800, hatte bereits Lenas Urgroßvater im Jahre 1821 erworben. Genau dreißig Jahre später ging es dann »zum Anschlag von 800 Gulden« an Mathias Pichler über. Zu Beginn des 19. Jahrhunderts war das Hansschusterhäusl ein 1/16-Gütl und stand unter der Herrschaft und Gerichtsbarkeit der Hofmark Zinneberg.

Von der Schreibart dieses Hausnamens, der, wie hierzulande üblich, auf den Besitzer übertragen wird, mag Lena Christ, als sie ihr erstes Buch schrieb, nichts gewußt haben; denn sie nennt ihren Großvater, der gelernter Maurer war, aber außerdem von vielen anderen Arbeiten etwas verstand, »Handschuster«.

»Er war Schreiner, Maurer, Maler, Zimmermann und Kuhdoktor, und manchmal hat er auch dem Totengräber ausgeholfen.« Als könnte es nicht anders sein, leitet sie den Hausnamen vom vielfältigen Können ihres Großvaters ab, weil er sozusagen allen »zur Hand« ging.

Die Vermutung, daß sich im Laufe der Zeit eine sprachliche Wandlung vollzogen haben könnte und aus dem aktenkundigen Hansschuster der Handschuster geworden wäre, trifft nicht zu. In Glonn wurde der Hausname bis in die Gegenwart deutlich als Hansschuster gesprochen.

Erst in unseren Tagen hat man die alte Verkaufsurkunde des Anwesens gefunden. Seine derzeitigen Besitzer, die Familie Gröbmayr, waren die Entdecker des verloren gewähnten Dokuments. Demnach kam der zu knapp einem Drittel verschuldete Besitz am 15. November 1894, also wenige Wochen vor dem Tod des schwerkranken Mathias Pichler, der am 5. Dezember 1894 im Alter von 67 Jahren starb, zur Verbriefung. Der Kaufpreis für das Anwesen, zu dem 5,5 Tagwerk landwirtschaftlich nutzbare Grundstücke, davon zwei Tagwerk in der Steuergemeinde Egmating, gehörten, betrug 5000 Mark. Das lebende und tote Inventar im Wert von 600 Mark war in dieser Summe bereits enthalten. Mathias Pichler hat die Urkunde mit einem Kreuz unterzeichnet. Sein Nachbar, der Bader Josef Gschwändler, und der Gütler Josef Schlosser aus Haslach bestätigten diese »Unterschrift«.

Könnte man zu der Annahme neigen, daß der todkranke Mann seinen Namen »nicht mehr« schreiben konnte, wie das Dokument vermerkt, so weist Lena Christ ihren Groß-vater selber als Analphabeten aus. Als ihr an einem ihrer ersten Schultage das kleine a nicht recht gelingen wollte und sie ihren Großvater bat, ihr zu helfen, soll er ihr geantwortet haben: »Ja mei, Dirndei, da muaßt scho zu der Groß-muatta geh; i ko net schreibn; dees ham mir net g'lernt!« Daß Mathias Pichler wenigstens seinen Namen schreiben konnte, beweist eine jüngst entdeckte Urkunde, die er eigenhändig unterschrieben hat.

Die Großmutter, die Näherin war und nebenbei die Frauenarbeitsschule besucht und dort auch Lesen und Schreiben gelernt hatte, war eher in der Lage, ihrer Enkelin behilflich zu sein. Bei dieser Ziehmutter, die neben der Lena viele Kostkinder im Hansschusterhaus großgezogen und zu tüchtigen, braven Menschen gemacht hatte, handelte es sich übrigens nicht um die leibliche Großmutter, die 1822 geborene Anna Hauser. Diese, »eine bitterböse, zänkische

Frau«, war, wie aus der von Adolf Roth erstellten Ahnenta-
fel ersichtlich ist, im Alter von 48 Jahren gestorben. Lena
Christ wollte sich hingegen erinnern, daß sie nur 38 Jahre
alt geworden und ein Krebsleiden die Ursache ihres frühen
Todes gewesen sei.

Mathias Pichler hatte dann ihre Schwester Magdalena
geheiratet, die möglicherweise die Taufpatin der 1860
geborenen Magdalena Pichler, der Mutter Lena Christs,
gewesen ist. Mit Magdalena Hauser, Mathias Pichlers
Schwägerin aber, die in jungen Jahren »Mitglied und später
Präfektin des weltlichen Dritten Ordens des heiligen Fran-
ziskus« geworden war, durfte er nach Meinung der Lena
Christ nur eine Josephsehe führen. Es war eine außerordentlich glückliche und harmonische Gemeinschaft. Die
Sterbeurkunde des Mathias Pichler hat uns ihren Namens-
zug erhalten. Mit zittriger Hand hat sie als Magdalena
Püchler unterschrieben. Sie sollte ihren Mann noch um
etliche bittere Jahre, in denen sie der Willkür und dem Geiz
von Verwandten ausgeliefert war, überleben.

Die Hansschusterleni

In den ersten Kapiteln ihrer »Erinnerungen« erzählt Lena
Christ, was sie in jenen Jahren als »Handschusterleni«
erlebte. Sie berichtet von ihrer Umwelt, von ihren Freuden, von den Eigenheiten des geizigen, bei ihrem Großvater im Austrag lebenden Hausls, der vor Alter krumm war
und beim Gehen die Arme weit hinter sich streckte. Sie
erzählt von ihren Großeltern, die eines Kuhtausches wegen
uneinig waren, und sie erinnert sich an die Schicksale der
Kostkinder, die für ein monatliches Entgelt von vier bis
fünf Mark im Hansschusterhäusl aufgenommen wurden.
Einmal, zur Weihnachtszeit, lagen, zu einem Bündel ver-
schnürt, Zwillinge vor der Haustür, die von einer Seiltän-
zerin stammten, die bei der Geburt ihrer Kinder gestorben
war. Mit den barmherzigen Worten: »Um Gottes willen is'
aa was; auf die Mautschein geht's aa nimmer z'samm!«

nahm sich die Großmutter auch dieser armen Waisen liebevoll an.

Lena Christ ist mit Leib und Seel daheim in dieser
bäuerlichen Welt mit ihrer Realistik, ihrer Derbheit, mit
ihrem oft mittelalterlich anmutendem Aberglauben und
ihrem Hang zur Mystik.

In dieser Glonner Zeit ist das Kind ein richtiges wildes
Lausdirndl, das im Bach hinter dem Hansschusterhaus wie
die Buben – oder gar noch geschickter – Fische fängt, das
Speisekammern unsicher macht, Obstbäume plündert und
sich also auf ländliche Art so recht nach Herzenslust aus-
tobt, »geliebt von den Großeltern, getadelt von Lehrer und
Pfarrer, gefürchtet von jenen Kameraden, die mich einmal
in meiner Wildheit verspürt hatten, gesucht von denen, die
meine Streiche verstanden...«

An diese Zeit erinnert sich Lena Christ übrigens später,
nach dem Erscheinen ihrer »Erinnerungen« noch einmal,
dabei jedoch ohne künstlerischen Erfolg. Als Gegenstück
zu den erfolgreichen »Lausbubengeschichten« aus der
Feder von Ludwig Thoma nennt sie ein Büchlein »Lausdirndlgeschichten«. Doch davon wird später noch die Rede
sein.

Von ihrer »Münkara Muatta« weiß die Leni Jahre hin-
durch nur, daß sie in der Stadt lebt. Sie hat keine Erinnerung an ihre Mutter und scheinbar auch keine Bindung.
Dennoch ist etwas in dem kaum fünfjährigen Kind, das es
mit magischer Gewalt zu seiner Mutter hinzieht. Wie wäre
es sonst zu verstehen, daß Leni, kaum daß sie von einem in
Aussicht gestellten Besuch erfahren hatte, auf und davon
lief, um ihre Mutter in Grafing am Bahnhof zu erwarten;
denn das phantasiebegabte Kind hatte sich eingebildet, die
Mutter käme noch am gleichen Tag. Der Weg von Glonn
nach Grafing bedeutet für einen Erwachsenen einen Fuß-
marsch von gut zwei Stunden. Als die Mutter nicht kam,
eilte Leni wieder in Richtung Glonn, verirrte sich und
erreichte nach langem Umweg mitten in der Nacht das
Dorf Wildenholzen. Am andern Tag brachte man das Kind
den Großeltern zurück. Leni fieberte. Eine Lungenentzün-

dung, die erste von angeblich mehreren, unter denen sie im Laufe ihres Lebens noch zu leiden haben sollte, zeigte sich an und sie mußte einige Wochen lang im Bett liegen. Während dieser Zeit kam ihre Mutter zu Besuch ins Hansschusterhaus. Sie begrüßte ihre Tochter mit den Worten: »Bist auch da!« Kürzer und zugleich aufschlußreicher läßt sich das Verhältnis zu ihrem ledigen, ungeliebten Kind nicht umreißen.

Rätsel um Karl Christ

Laut der von der Glonner Hebamme Eichner unterschriebenen Geburtsurkunde erblickte das auf den Namen Magdalena Pichler getaufte Mädchen am 30. Oktober 1881, einem Sonntag, nachmittags halb drei Uhr, das Licht der Welt. Damals stand die ledige Mutter, die Karl Christ anläßlich eines Manövers kennengelernt hatte, als Köchin bei dem volksnahen Albert Scanzoni von Lichtenfels im nahen Schloß Zinneberg in Diensten.

Wie im Amtsgericht Ebersberg aktenkundig, hat sich am 7. 12. 1881 »der ledige großjährige Bediente Carl Christ von Mönchsrodt Bez.-amt Dingelsbühl z. Z. bedienstet bei Rittmeister Horing (richtig Ewald Hornig; er war der Bruder des im Zusammenhang mit König Ludwig II. oft erwähnten Stallmeisters Richard Hornig) in München als Vater des nebenbezeichneten, von der Maurerstochter Magdalena Pichler geborenen Kindes bekannt.«

Während zunächst diese Vaterschaftserklärung unumstritten war, tauchten nach dem Erscheinen von Lena Christs »Erinnerungen«, die man fälschlich für eine reine Autobiographie hielt, Zweifel auf. Woher kamen die von ihr erwähnten 8000 Mark Vatergut, die sie angeblich in ihre erste Ehe einbrachte? Konnte diese hohe Summe (das Hansschuster-Anwesen brachte z.B. nur einen Verkaufserlös von 5000 Mark) tatsächlich von einem Bedienten stammen?

Es entspricht übrigens auch nicht der Wahrheit, daß Karl Christ mit dem Auswandererschiff »Cimbria« untergegangen ist, wie Lena Christ behauptet. Die Passagierliste des Schiffes der Hapag-Linie, das am 17. 1. 1883 von Hamburg abgegangen und zwei Tage später nach einem mit dem englischen Dampfer Sultan im dichten Nebel erfolgten Zusammenstoß gesunken ist, enthält nachweisbar keinen Passagier seines Namens. Ferner muß hier angemerkt werden, daß weder das Münchner Stadtarchiv noch das Pfarramt seines Geburtsortes Mönchsroth die Informationslücke schließen konnte.

Um so bedeutungsvoller ist eine erst in jüngster Zeit bekannt gewordene Familienchronik, die Frau Dr. Elisabeth Wolf, Nürnberg, eine Christ-Verwandte, verfaßt hat. Nach ihrer Genealogie wurde Karl Christ als siebentes Kind des Taglöhners Christoph Christ, dessen Vater und Großvater Schneidermeister gewesen waren, am 25. 12. 1854 in Mönchsroth geboren. Aus der Ehe des Christoph Christ mit Anna Karolina Altreuther gingen insgesamt zwölf Kinder hervor, neun Buben und drei Mädchen. Der Chronik zufolge »machten sich die Buben, sobald sie ausgelernt hatten, auf den Weg und suchten sich eine Bleibe. Gelegentlich hörte man, daß die Christs vorwiegend sorglose, leichtlebige Leute gewesen wären. Richtig ist, daß sie, überwiegend musisch begabt, die Musik im Blut hatten und in Wirtsstuben und auf Tanzböden ebenso vertraut waren wie im erlernten Handwerk, oft von Fernweh geplagt auf ihre Weise versuchten, dem Leben die heitere Seite abzugewinnen. Dank der bemerkenswerten hohen Musikalität und ihrer teilweise auffallend guten Singstimmen, fand man sie auf Kirchweihen, Hochzeiten oder Beerdigungen mit ihren Instrumenten.«

Leider existiert von Karl Christ kein Bild, aber man kann sich ihn wohl ähnlich wie seine Geschwister vorstellen, von denen es heißt: »Sie waren schöne Menschen, hochgewachsen und stattlich.« Das erlaubt die Vermutung, daß auch das Erbgut des Vaters Einfluß auf die Erscheinung der Tochter gehabt habe und nicht – wie bisher vertreten – nur das der mütterlichen Linie, auf das vor allem der noble Habitus des Großvaters Pichler hingewiesen haben soll.

Über die Beziehungen zwischen Lenas Mutter und Karl Christ war bisher nichts bekannt. Auch zu dieser Frage vermittelt die Christsche Familienchronik neue Einsichten. Als nämlich die auf bürgerliche Moral bedachten Eltern ihrem Sohn Karl nahelegten, die Mutter seines Kindes zu heiraten, soll er geantwortet haben, daß er ebensogut den »leibhaftigen Satan« heiraten könne. Nicht minder aufschlußreich sind die Informationen, daß es der gelernte Schmiedegeselle durch Können und Fleiß tatsächlich zu beachtlichen Ersparnissen gebracht habe. Immer das hochgesteckte Ziel vor Augen, nach Amerika auszuwandern, habe er jede Gelegenheit wahrgenommen, sich finanziell sowie sozial zu verbessern. Der Dienst bei einem Rittmeister in München habe sich dazu geeignet. Wie sich jedoch bald zeigen sollte, blieb zumindest der erwartete wirtschaftliche Ertrag aus; denn der Arbeitgeber sah sich oft nicht in der Lage, den vereinbarten Lohn auszubezahlen. Der Chronik zufolge lieh sich schließlich der hochverschuldete Offizier von Karl Christ einen größeren Geldbetrag, den er aber nicht mehr zurückzahlen konnte.

Woher die Version mit dem untergegangenen Auswandererschiff stammt, ist unbekannt. Karls Eltern jedenfalls konnten diese Geschichte zu keiner Zeit glauben. Für sie stand fest, daß ihr Sohn nie ohne Abschied ausgewandert wäre; mit Sicherheit hätte er auch keinesfalls die persönlichen Dinge zurückgelassen, die zu Hause für ihn verwahrt wurden. So lag es nahe, an ein Verbrechen zu denken. Die damit zusammenhängenden Mutmaßungen erregten zwar die Gemüter, doch unterließ man es in Anbetracht der Aussichtslosigkeit polizeilicher Ermittlungen, Anzeige zu erstatten. So blieb den einfachen Leuten nur die Resignation. Von Karl Christ fehlt seit Beginn des Jahres 1883 jede Spur.

München

Magdalena Pichler ging, wie aus einer Notiz auf dem Gesuch um Ausfertigung des Verehelichungs-Zeugnisses hervorgeht, im Jahre 1882, also offenbar wenige Monate nach der Geburt ihres Kindes Lena, nach München. Sie wohnte in der Gabelsbergerstraße 1b. Ihren Beruf gab sie mit Köchin an. Sie war seinerzeit, so wird von den Nachkommen ihres Mannes überliefert, in der Brienner Straße 3 in der Familie von Hugo Freund, einem Kommerzienrat und Direktor der Süddeutschen Bodenkreditbank, als Köchin tätig. Bei ihr hatte der Metzgergeselle Josef Isaak, der seit vier Jahren bei dem Gastwirt und Metzger Woehrle im Dienst war, das bestellte Fleisch abzuliefern und abzurechnen.

Es blieb nicht aus, daß sich der um drei Jahre Jüngere zu der reschen und tüchtigen Person mit den städtischen Manieren hingezogen fühlte. Und auch der hübschen Köchin gefielen die ruhige Art, das solide Wesen und die Beständigkeit ihres Verehrers. So stand einer Verbindung nichts mehr im Wege.

Josef Isaak, am 13. Oktober 1863 als Sohn eines Viehhändlers im niederbayrischen Pocking geboren, besaß zwar nur das Wenige, das er selbst verdient und gespart hatte, doch liebte er seinen Beruf über alles. So konnte er dem freundlichen und gut gemeinten Angebot, bei der Herrschaft seiner zukünftigen Frau den Hausmeisterposten anzunehmen, nichts abgewinnen. Mochte auch für Magdalena Pichler, die man nicht verlieren wollte, dieses Angebot sehr schmeichelhaft gewesen sein, ihr Entschluß, sich mit Hilfe des vorhandenen Kapitals mit Josef Isaak selbständig zu machen, stand zu diesem Zeitpunkt wohl schon fest.

Interessante Objekte auf dem Immobilienmarkt gab es in der Residenzstadt viele, und sicherlich hatte das junge Paar bereits konkrete Pläne.

Die Gründerzeit, eine Epoche wirtschaftlicher Hochkonjunktur, bot dafür die denkbar besten Voraussetzungen. Neue Wohngebiete entstanden in und an den Rändern der Stadt. Das Handwerk, im Dienste bahnbrechender Erfindungen und umwälzender Entdeckungen, hatte mehr denn je seinen sprichwörtlich goldenen Boden. Der bayrische Hang zur Geselligkeit sowie die Lust, das Leben zu genießen, brachten auch die Gastronomie mit allem, was damit zusammenhing, zu neuer Blüte.

Magdalena Pichler und Josef Isaak heirateten am 30. Oktober 1888. Dieser Tag der Eheschließung, ein Dienstag, fiel rein zufällig auf den siebenten Geburtstag der kleinen Lena. Josef Isaak, der drei Wochen zuvor, nämlich am 9. Oktober das Bürgerrecht in München erworben hatte, wäre demzufolge auch nicht eher in der Lage gewesen, seine Braut heimzuführen. Bereits am 20. September 1888 hatte er ein Haus mit einer Gastwirtschaft gekauft (nicht, wie bisher angenommen, gepachtet). Diese Tatsache geht aufgrund neuester Forschungen im Münchner Stadtarchiv aus einer Notiz des Königlichen Stadtrentamts München 2 vom 26. September 1894 hervor. Es handelte sich um das hauptsächlich von Studenten besuchte Restaurant in der Adalbertstraße 15, das bald seiner vorzüglichen Küche und seiner zivilen Preise wegen beliebt war.

Bis zum 25. Oktober war Josef Isaak noch bei seinem bisherigen Arbeitgeber Woehrle in der Glückstraße 7 gemeldet. Also erfolgte erst zu diesem Zeitpunkt, wenige Tage vor der Vermählung, der Umzug in das eigene Domizil.

Mit dem Hauskauf hatte man sich völlig verausgabt. Deshalb wurde nur das allernötigste an Hausrat angeschafft. Bei der Hochzeit wurde auf jeden Aufwand verzichtet, selbst zum Photographen ging man nicht. Das Geschäft ging vor.

Waren es ökonomische Überlegungen oder fühlte die jungverheiratete Frau die Verpflichtung, sich um ihr Kind selber zu kümmern und aus dem Bauernkind endlich ein Stadtkind zu machen? Vielleicht mögen beide Erwägungen eine Rolle gespielt haben, als Magdalena Isaak ihrem Vater nach Glonn schrieb, er solle das Kind zu ihr in die Stadt bringen.

Dieses Briefes wegen gab es zwar Aufregung und Aufruhr im Hansschusterhaus, aber schließlich blieb weder dem Großvater noch dem Kind eine andere Wahl, als sich zu fügen.

»Und als der Morgen der Abreise gekommen war, badete mich meine Großmutter und zog mir, nachdem der Großvater mit zufriedenem Schmunzeln meinen Rücken und das rundliche Bäuchlein befühlt und beklopft hatte, ein neues Hemd und die ersten Unterhosen an.« So erzählt Lena Christ von den letzten Stunden in Glonn.

Es mag etwa Mitte November 1888 gewesen sein, als Mathias Pichler mit seinem Enkelkind von Grafing aus nach München fuhr. Lenas Mutter erwartete die beiden am Ostbahnhof, und mit der Pferdebahn, die erst seit wenigen Monaten in Betrieb war, fuhren sie zum Marienplatz.

Magdalena Isaak hatte sich offenbar seit ihrem Besuch in Glonn zu einer positiveren Einstellung ihrem Kind gegenüber durchgerungen. Es wurde freundlich willkommen

Münchner Marienplatz um 1890

geheißen. Lena hatte während der Bahnfahrt einen Schnell-
kurs für städtische Sprache und städtisches Benehmen
absolviert, und so bemühte sie sich zunächst, nach der
Schrift zu sprechen, was von der Mutter auch mit Bewunderung honoriert wurde: »Schau, schau, wie gebildet die
Leni schon wordn ist! Da wird aber der Vater viel Freud
habn, wenn er so ein g'scheites und vornehmes Töchterl
kriegt.«

Als es dennoch angesichts so neuartiger und aufregender
Dinge wie des Fischbrunnens am Marienplatz und der
aufziehenden Wache vor der Residenz zu Rückfällen in die
Glonner Mundart kam, wandte sich die Mutter unmutig
ab, während es der Großvater an gütigen und belehrenden
Worten nicht mangeln ließ. Reichlich verschüchtert trot-
tete dann die Lena zwischen den beiden Erwachsenen durch
die Ludwigstraße und sie mag an diesem novembergrauen
Tag dumpf gespürt haben, daß sie von nun an einer ihr
fremden, ja feindlichen Umwelt ausgeliefert war.

Darüber mochte zwar kurze Zeit später der herzliche
Empfang durch ihren Stiefvater Isaak, den sie zum erstenmal sah, und der unter der Tür seiner Wirtschaft stand,
hinwegtäuschen. Der Schock, den die Großstadt verur-
sacht hatte, blieb und vertiefte sich. Täglich wurde die Lena
von ihrer Mutter, die sich ihres bäurischen Kindes wegen
vor den Gästen schämte, zurechtgewiesen. In der Schul-
klasse, in die Lena kam, war sie ein Fremdkörper. Man
lehnte sie ab, ihre Sprache, ihr Wesen. Man nannte sie nur
»den Dotschn« oder »die Gscherte«. Darunter mußte ein so
sensibles Kind, wie es die siebenjährige Lena war, besonders leiden. Hinzu kam, daß ihr, da sie ja nicht den Namen
ihres Stiefvaters trug, auch von seiten der Lehrerschaft mit
Vorurteilen begegnet wurde. Diese Fülle von gefühlsschä-
digenden Einflüssen mag schnell die ohnedies nicht große
seelische Spannkraft gelähmt und zu unheilvollen Ver-
krampfungen geführt haben. So wurde aus ihr ein ver-
stocktes, ungutes Kind, an dem man weder daheim noch in
der Schule viel Freude hatte. Aufschlußreich ist diesbezüg-
lich die Bemerkung einer Lehrkraft, wonach Leni als »ver-

schlossen, leichtfertig und gedankenlos« charakterisiert
wird.

Zu Züchtigungen kam es deshalb aber nicht; Lena Christ
hätte bestimmt etwas davon in ihren »Erinnerungen«
erwähnt. Man scheint das trotzige und zu Widerspruch
geneigte Kind in den ersten Monaten sehr nachsichtig
behandelt zu haben und war zufrieden, daß man es zu
kleinen Handreichungen und Arbeiten heranziehen konnte.
War es kindlicher Unverstand oder war bereits ein Quent-
chen Absicht dabei, sich an der Mutter zu rächen, als Lena
ihrem ein Jahr später zu Besuch in München weilenden
Großvater das bekannte Spottlied: »Was braucht denn a
Bauer, a Bauer an Huat; Für an so an gschertn Spitzbuam is
a Zipflhaubn guat!« lautstark vorsang, das ihr die Mutter
gelernt hatte? Dieses Liedchen, das jedes Stadtkind kannte,
hatte man ihr sicher auch in der Wirtschaft oder in der
Schule schon vorgesungen. Erst als Leni in des Großvaters
Augen Tränen sah, begriff sie, was sie angestellt hatte. Aber
da war es zu spät. Dieses »zu spät« sollte ihr noch oft im
Leben zum Verhängnis werden.

Die ersten Schläge bekam Leni erst bei der Abreise des
Großvaters, als sie sich an den fahrenden Zug hängte und es
der Mutter nur mit Gewalt gelang, ihre Tochter zurückzu-
halten. Es steht außer Zweifel, daß Prügel gewiß nicht die
richtige Methode waren, ein unglückliches, von Sehnsucht
nach den Großeltern und dem heimatlichen Glonn erfülltes
Kind umzustimmen. Aber welche Mutter hätte in diesem
Falle damals anders gehandelt?

In dem nun folgenden Kapitel ihres Lebensberichtes
erzählt Lena Christ, daß ihr Stiefvater das Restaurant,
nachdem er es eineinhalb Jahre erfolgreich geführt hatte,
mit gutem Gewinn verkaufen konnte.

Amtlichen Unterlagen zufolge besaß er das Haus Adalbertstraße 15 aber nur vom 20. September 1888 bis zum 25.
Mai 1889, also acht Monate. Die Familie zog hierauf in der
nahen Schraudolphstraße 28 in eine Wohnung und die
Eltern privatisierten etwa zwei Monate. Vermutlich holten
sie bereits in dieser Zeit die Hochzeitsreise zu Verwandten

in der Schlierseer Gegend nach. Offenbar erinnerte sich Lena Christ später nicht mehr genau daran oder, was wahrscheinlicher ist, sie strebte aus literarischen Gründen eine Vereinfachung an. Nur so läßt es sich deuten, daß sie auch von der Glückstraße 13, wo ihre Eltern vom 22. August 1889 bis 25. Januar des folgenden Jahres eine Gastwirtschaft mit Metzgerei betrieben hatten, nichts berichtet.

Vermutlich war dies kein zum Kauf ausgeschriebenes Objekt oder es eignete sich nach der Prüfung nicht zum Erwerb. Der Kauf des Anwesens Buttermelcherstraße 21 – das vierstöckige Mietshaus mit der Altmetzgerei existiert heute noch – erfolgte erst Mitte Januar 1890. Statt der Buttermelcherstraße verlegt Lena Christ die unglücklichen Ereignisse in die Corneliusstraße, die sich in unmittelbarer Nähe befindet. Bei ihrem erstaunlichen Gedächtnis ist es aber sehr unwahrscheinlich, daß sie sich später nicht mehr an den richtigen Straßennamen erinnern kann. Die Corneliusstraße sollte wohl nichts weiter als eine unkomplizierte Verschlüsselung gewährleisten.

Aus naheliegenden Gründen hat sie auch den Familiennamen ihrer Eltern verfremdet und den Namen Isaak durch Zirngibl ersetzt. Gewiß war es kein Zufall, daß es ganz in der Nähe, nämlich am Gärtnerplatz, bis vor wenigen Jahren eine Wirtschaft gleichen Namens gab, die sie auf der Suche nach einer Verschlüsselung inspiriert haben mag. Dies dürfte auch zu der irrtümlich in einer Doktorarbeit über Lena Christ vertretenen Auffassung, Lena Christs Mutter sei zweimal verheiratet gewesen, geführt haben. Die Ehe mit Josef Isaak war nachweislich ihre erste und einzige Ehe, während Josef Isaak nach dem Tod seiner Frau noch eine zweite Ehe einging.

Nur den Vornamen ihres Stiefvaters – Josef – hat Lena Christ in ihrem Lebensbericht unverändert übernommen.

Ihrer Erzählung nach begann die Mutter bald nach der Rückkehr von der Hochzeitsreise zu kränkeln. »Die Tante aber saß hinter verschlossenen Türen und nähte an Hemdlein, an Tüchlein und Windeln.« Und genau erinnert sich später Lena Christ an die Geburt ihres ersten Stiefbrüderchens, das sie Hansl nennt. »In einer Februarnacht aber kam das Kind, und damit begann für mich eine harte Zeit.« In Wirklichkeit wurde das am 23. Februar 1891 geborene Büblein auf den Namen Josef getauft. Auch hier zog es die Autorin später vor, eine Namensänderung vorzunehmen.

Erst mit der Geburt ihres ersten Stiefbruders begann also die wirkliche Leidenszeit des heranwachsenden Mädchens. Bei der Wesensart des Kindes war zu erwarten, daß es von nun an noch unglücklicher und noch mürrischer wurde, als es vordem gewesen war. Hatte Lena aber bisher keinen Grund, auf jemanden eifersüchtig zu sein, so sah sie nun, daß das kleine Büblein alles, sie aber nichts mehr galt. Damit konnte sie, die in dieser Zeit besonders viel Liebe und Verständnis gebraucht hätte, nicht fertig werden. Der Keim für ihr tragisches Schicksal war gelegt. Immer mehr wuchs sie in die Rolle einer vom Schicksal Geächteten, einer »Überflüssigen« hinein.

Es ist bekannt, daß Frauen nach der Entbindung besonders nervös und reizbar sind. Bei Lena Christs Mutter mag zudem das unheilvolle Erbe ihrer als böse verschrienen Mutter einen besonderen Einfluß ausgeübt haben. Sie war unduldsam und jäh in ihren Handlungen. Das Kleinkind beanspruchte sie ganz, und für die Zehnjährige hatte sie von nun an weder Geduld noch Nachsicht.

Hatte sie ihre Tochter bisher nur allein mit Strenge erzogen, so wählte sie jetzt andere Mittel. Vor allem war es die spürbare geistige Überlegenheit des Mädchens, die sie zu unmenschlichen Ausschreitungen getrieben hat. Der Kampf begann. Er wurde mit ungleichen Waffen geführt. Der Mutter waren alle Mittel recht, den Trotz und jede Äußerung, die sie als Auflehnung deutete, mit aller Härte zu bestrafen. Da es ihr an Herzenswärme und Feingefühl fehlte, ihre Tochter zu ihrer Verbündeten und Freundin zu machen, ein Vertrauensverhältnis zu schaffen, wie es zum Glonner Großvater bestand, so wurde sie zu ihrer Feindin, die Unmögliches verlangte.

»Nun hieß es um fünf Uhr aufstehen und zu den übrigen Arbeiten noch das Bad, Wäsche und Windeln für den kleinen Hansl herrichten. Kam ich mittags aus der Schule, wurde ich meistens mit Schlägen empfangen; denn ich hatte nachsitzen müssen, weil ich in der Früh zu spät gekommen war.«

In diesem Zusammenhang klagt sie: »Geliebt hat mich meine Mutter nie; denn sie hat mich weder je geküßt, noch mir irgendeine Zärtlichkeit erwiesen...«

Liebesbezeigungen dieser Art sind vor allem in den ländlichen Teilen Bayerns zwischen den Eltern und ihren herangewachsenen Kindern nicht üblich, ja, sie werden von vielen Kindern als ausgesprochen peinlich empfunden. Aber es ist bezeichnend, daß sich Lena Christ zeit ihres Lebens an die Kälte und Lieblosigkeit erinnert, mit der ihr die Mutter begegnete. Sie vermißte in ihrer Münchner Kindheit nichts mehr als die Nestwärme, die ihr das Hansschusterhaus in Glonn in überreichem Maße gewährt hatte.

Mit dem Umzug in ein anderes Stadtviertel hatte auch ein Schulwechsel stattgefunden. Lena, auf dem Wege, sich mehr und mehr ihrer städtischen Umwelt anzupassen, war jetzt kein Fremdkörper mehr. Sie galt etwas bei ihren Lehrerinnen und Mitschülerinnen und zählte bald zu den Klassenbesten. Es spricht für ihre überdurchschnittliche Begabung, daß sie trotz der häuslichen großen Belastungen mühelos lernte. Lediglich im Handarbeiten hatte sie die Note »ungenügend«. Sie, die später im Nähen und Zeichnen großes Geschick entwickelte, verkrampfte sich beispielsweise beim Stricken auf eine Art, die zu heftigen Kopfschmerzen führte und den Widerwillen gegen diese Tätigkeit steigerte.

Die drakonischen Maßnahmen, mit denen ihre Mutter dieser vermeintlichen Faulheit wie auch allen Verfehlungen begegnete, kamen Folterungen gleich. Es ist verständlich, daß bei einem Menschen wie Lena Christ die Auflehnung gegen diese inquisitorische Härte ständig im Untergrund weiterschwelte. Die Folge waren Heimlichkeiten. Sie behielt beim Liefern der Ware Geld von Kunden zurück, um die Hungerkuren, die ihr als Strafe auferlegt waren, zu umgehen. Eine Entdeckung brachte neue, noch schwerere

Züchtigungen. Einmal, als ihr nach dem Kassieren einer Rechnung ein größerer Betrag abhanden gekommen war und sie aus Angst vor Strafe nach Glonn fliehen wollte, erreichte sie nur das von München über 20 Kilometer entfernte Zorneding, von wo aus man sie am Vormittag des anderen Tages wieder mit der Bahn nach München zurückbrachte. Auf dieser Flucht hatte sie sich bis zur völligen Erschöpfung verausgabt. Es folgte die zweite schwere Lungenentzündung, an der sie wieder einige Wochen lang litt. Sie wurde nur von ihrem Stiefvater gepflegt. Schläge hatte sie diesmal von ihrer Mutter nicht bekommen. Vielleicht empfand diese erstmals etwas wie Machtlosigkeit gegenüber dem zu jeder Verzweiflungstat fähigen Kind. Gleichzeitig aber mag der Haß auf dieses Kind, das ihr nichts wie Schwierigkeiten und Sorgen bereitete, neue Nahrung gefunden haben. Aller angestaute Zorn über ihre Tochter kam dann Monate später zu einem vulkanartigen Ausbruch, als Lena eines kindlich naiven Verstoßes gegen das sechste Gebot wegen Schularrest bekam und die Eltern davon verständigt wurden. Was jetzt geschah, kommt einem Akt blutiger Hexenverfolgung gleich. Auch der Stiefvater mußte sich schließlich noch an den Ausschreitungen beteiligen. Er tat es offensichtlich nicht aus Überzeugung, sondern lediglich nur, um die hysterische Frau, die in Raserei verfallen war, nicht auch noch gegen sich selbst aufzubringen. In der Tat war dies das einzige Mal, daß Josef Isaak – und das sicherlich mehr zum Schein – seine Stieftochter züchtigte.

Josef Isaak war ein gutmütiger, weicher Mensch, der gerne jeglichem Streit und allen Auseinandersetzungen aus dem Wege ging, der lieber besänftigte und vermittelte. In der Geschäftsführung und, soweit es um die Dienstboten und um die Lieferanten ging, verließ er sich ganz auf seine Frau. Auch in der Kindererziehung redete er ihr nicht drein. Magdalena führte uneingeschränkt das Regiment. Als sie allerdings auch ihn einmal unter ihre Herrschaft zu beugen versuchte, reagierte er überraschend: Er ging, was er sonst nicht tat, abends aus und kehrte erst spät nachts angetrunken heim. Offenbar war das die richtige Lektion; denn sie respektierte von da an seine Persönlichkeit.

»Durch meine Hilferufe«, so berichtet Lena Christ über die brutale Züchtigung später in ihren »Erinnerungen«, »war Frau Baumeister Möller, die über uns wohnte, aufmerksam geworden, und als sie mich in meiner Kammer noch lange Zeit laut weinen hörte, rief sie mir von ihrem Balkon aus zu...«

Auch den Namen dieser Frau, die das Kind auf sein inständiges Bitten hin noch am selben Abend heimlich zu den Großeltern nach Glonn brachte, hat Lena Christ später nur leicht verfremdet. Sie hieß in Wirklichkeit Miller und war die Frau eines Maurermeisters, der ein Stockwerk höher wohnte.

In Glonn war sofort das alte Vertrauensverhältnis zwischen Großvater und Enkelin wiederhergestellt. Sie berichtete ihm, ehe er anderntags zu seiner Tochter nach München fuhr, warum es zu diesen schrecklichen Mißhandlungen gekommen war, und der verständige Mann meinte: »Dös is gleich! So was redn alle Kinder amal; dös tuat a jeds Kind amal. Dös is dös G'fahrlicha no lang net!«

»Als er von München zurückkam, sprach er, wie das so seine Art war, mit keinem Wort mehr von der Sache; aber ich durfte wieder ein ganzes Jahr bei den Großeltern bleiben.« Bei diesem Jahr muß es sich um die Zeit vom Sommer 1892 bis zur Jahresmitte 1893 gehandelt haben. Allem Anschein nach erholte sich Lena bald von ihren Wunden, und sie genoß das Landleben und die damit verbundene Freiheit in vollen Zügen. Daran änderte sich auch nichts, als den alten geizigen Hausl beim Biertrinken der Schlag traf. Obwohl sie dem Austragler sehr zugetan war, bedeutete der jähe Tod für sie nichts Erschütterndes. Die Freude an dem, was der Hausl hinterließ, wog den Schmerz über den Verlust auf. Wo es um so reale Dinge wie Taler und Silberschmuck ging, die in einem eingemauerten Kästchen lagen, verlor der Tod seine Schrecken.

Den Namen des Pfarrers, der die Verdammungsreden am Grab des geizigen Alten und bald darauf bei der Beerdigung des Reichsten der Gemeinde gehalten haben soll, nennt sie nicht. Sie meint aber den Pfarrer Späth, der volle vierzig Jahre, nämlich von 1870 bis 1910, seinem Todesjahr, die Glonner Seelen betreute. Er war aus dem Holz der Barockprediger geschnitzt, ein wortgewaltiger Herr, der es verstand, Himmel und Hölle in Bewegung zu setzen, um auf die Sünder Eindruck zu machen. In der Glonner Chronik wird Späth zu den drei bedeutendsten Pfarrern der letzten dreihundert Jahre gezählt. Die Leute, die ihn noch persönlich kannten, rühmten seine Güte, seine Kinderliebe, seine Verdienste um die Gemeinde, und sie schmunzelten über seine Vorliebe für einen guten Schnupftabak.

Das Haberfeldtreiben gegen ihn und den Posthalter, von dem Lena Christ schreibt, hat nachweislich nie stattgefunden. Ein am 31. Oktober 1885 geplantes Treiben in Glonn wurde vorbereitet, aber nicht durchgeführt. Allem Anschein nach hatte sich die Autorin vom nur etwa fünf Kilometer entfernten Egmatinger Treiben des Jahres 1892, von dem auch Georg Queri in seiner Studie »Bauernerotik und Bauernfehme in Oberbayern« berichtet, inspirieren lassen. Damals wurden in den meisten Gemeinden der Glonner Umgebung Haberfeldtreiben veranstaltet, und zu den letzten Haberermeistern, die lange im Gefängnis saßen, gehörte der Brandl Hausl von Münster, einem Nachbarort von Lindach, den Lena Christ persönlich gut kannte.

Entsprang also das Glonner Treiben der Phantasie, so war hingegen die alte Sailerin, die so wunderschöne Gruselgeschichten erzählen konnte und die in der Lena eine dankbare und unermüdliche Zuhörerin gefunden hatte, ein Stück Glonner Wirklichkeit. Man konnte von ihr geheime Rezepte gegen allerlei Übel erfahren. Sie hatte Umgang mit den armen Seelen im Fegfeuer und sie wußte von Begebenheiten zu erzählen, wo der Teufel leibhaftig erschienen war. Jede dieser Geschichten fiel in die für alles Geheimnisvolle und Hintergründige offene Seele der Lena und weckte ein vielfaches Echo. Ihre Phantasie mag in dieser Zeit eine für später entscheidende Befruchtung erfahren haben.

So nimmt es nicht wunder, daß sich der Glonner Lehrer

Alexius Strauß, der Lena in jenem Jahr unterrichtete, noch nach langer Zeit an die Hansschusterleni erinnern konnte: »Aufsätze wie die ihren hat es in der Glonner Volksschule noch nie gegeben«, wußte er zu berichten.

Während die Lena in Glonn glückliche Monate verlebte, hatten ihre Eltern in München eine kummervolle Zeit. Der Stiefvater verlor durch einen Bauschwindler sein ganzes Vermögen, etwa dreißigtausend Mark, die er für den Neubau des Hauses Buttermelcherstraße 21 bezahlt hatte. Nachweisbar besaß er dieses Anwesen nur bis Mitte Oktober des Jahres 1892. Das erklärt, warum er zu Beginn des Jahres 1893 zwei Häuser weiter, nämlich in der Buttermelcherstraße 17, ein Monat später in der Sandstraße 31a und am 1. April 1893 in der Schraudolphstraße 21 gemeldet war. Während dieser Zeit war er zunächst für kurze Zeit in der Flaschenbierfüllerei einer Brauerei, vermutlich der Löwenbrauerei, beschäftigt. Dann pachtete er eine Kantine im Lechfeld. Frau und Söhnchen nahm er mit. Zuvor aber, nämlich am 29. Januar 1893, war der zweite Sohn geboren worden. Lena Christ nennt ihn in ihren »Erinnerungen« Maxl. Tatsächlich wurde er Friedrich getauft; er kam vorübergehend ebenfalls zu den Großeltern nach Glonn in Kost. Daraus läßt sich ableiten, daß Magdalena Isaak ihrem Mann tüchtig zur Hand ging, und daß keines von beiden gewillt war, angesichts des schweren finanziellen Verlustes zu resignieren. In der Tat waren sie dann auch nach unverhältnismäßig kurzer Zeit wieder in der Lage, nach München zurückzukehren, um eine Wirtschaft zu übernehmen.

Die Sandstraße

Die Wirtschaft, die Lena Christs Eltern zunächst nur pachten konnten, befand und befindet sich noch heute in der Sandstraße, damals Nr. 34, jetzt 45. Anläßlich des fünfzigsten Todestages der Dichterin wurde an diesem Haus eine Gedenktafel enthüllt.

In dieses neue Münchner Domizil brachte der Großvater

die Lena und ihr Stiefbrüderchen Friedrich auf Wunsch der Mutter zurück. Er tat es nicht ohne Besorgnis. »Doch behandelte mich meine Mutter jetzt wirklich besser und sparte nicht an Lob und Belohnung, wenn ich etwas zu ihrer Zufriedenheit gemacht hatte«, so erzählt sie später von diesem neuen Beginn.

Die lange Trennung hatte sich für Mutter und Tochter heilsam ausgewirkt. Man gewinnt den Eindruck, daß sich jedes bemühte, mit dem andern auszukommen. War schon ein glückliches Miteinander nicht möglich, so sollte es doch wenigstens für ein erträgliches Nebeneinander ausreichen.

Aber Vernunft und Temperament sind zwei grundverschiedene Dinge, und so dauerte diese Eintracht zwischen Mutter und Tochter nicht lange. Sie währte, wenn man die »Erinnerungen« aufmerksam liest, länger als es bei der summarischen Art der Erzählung den Anschein hat. Lena Christ stürmt häufig mit Zeitrafferschritten voran. Den Zeitraum von vielen Monaten versteht sie mit zwei, drei Sätzen zu umreißen. Dabei bleiben beim Leser häufig Gefühl und Begriff für die tatsächlich ausgedrückte Zeitspanne auf der Strecke. Ähnlich geschieht es mit den häuslichen, sicher nicht sehr reich bemessenen Sonnenseiten. Sie werden nur allzu schnell vom Schatten mißlicher Ereignisse überdeckt. Dabei sind es häufig geringfügige Anlässe, nicht selten sogar nur Mißverständnisse, die in eine seelische Sackgasse und zu dramatischen Exzessen führen. Oft aber fehlte es der Mutter, die erzieherisches und ökonomisches Handeln in Einklang bringen will, am Gefühl für ihre Tochter.

Lena hatte wie die meisten Kinder ein ausgeprägtes Verhältnis zu ihrem Besitz. Daß ihr die Mutter nach Ostern die wunderbare große Puppe wegnahm, die sie ihr zu Weihnachten geschenkt hatte, mußte das Kind besonders treffen. Für die Mutter aber war es nichts weiter als ein Versuch, das verspielte und zu sehr in seiner phantastischen Welt befangene Mädchen zu den Realitäten des Lebens, das heißt zu den Arbeiten in Haushalt und Gastwirtschaft sowie der Betreuung der kleinen Stiefbrüder, zurückzuführen.

Gastwirtschaft Ecke Sand- und Kreitmayrstraße

Auch der Bericht, wonach gleich nach der Firmung das schöne weiße Firmungskleid Lenas, ihr ganzer Stolz, an den Vetter verkauft wurde, der es für seine Tochter brauchte, kann eine andere Deutung erfahren, wenn man in die Waagschale wirft, daß die damals übliche Sparsamkeit und die Überlegung der Mutter, dem ärmeren Verwandten – der Vetter war Fuhrknecht – einen Gefallen zu tun, ihr für ein Kind unverständliches Handeln bestimmte.

Es besteht bei Lena Christs Veranlagung kaum ein Zweifel, daß sie sich jeweils mit allen ihr zu Gebote stehenden

Mitteln zur Wehr setzte und sie ihrem Unwillen, ungeachtet der Folgen, die zu erwarten waren, Ausdruck gab. Heuchelei war ihrem Wesen fremd. Daß ihr aber auch Duldsamkeit und Diplomatie fehlten, wirkte sich im Zusammenleben mit ihren Mitmenschen immer wieder nachteilig für sie aus. So konnte sie für das Verhalten ihrer Mutter, die fast täglich in die Kirche und regelmäßig zur Kommunion ging, dabei aber ihr Hausregiment mit wüsten Flüchen und unflätigen Beschimpfungen führte, nur Verachtung übrighaben. Daß diese Ablehnung zu neuen Spannungen führte und die Mutter Anlässe geradezu suchte, um ihre Tochter unter ihren Willen zu zwingen, gehört zur Mentalität herrschsüchtiger Charaktere. Wie wäre auch sonst ihre Reaktion zu erklären, wonach sie die Lena, die sich für ihre beiden Stiefbrüder abends vor dem Einschlafen als Engel verkleidete, beschimpfte und bloßstellte, ohne Rücksicht auf die Wirkung, die dieser Schock auf die Schutzbefohlenen und ihre Beschützerin haben mochte. Auch der Zwang, jeden Morgen vor der Schule in die Frühmesse zu gehen, mag Lenas Widerspruchsgeist verstärkt und ihre Kritik herausgefordert haben.

Wie kritisch sie selbst Nebensächlichkeiten bemerkte und photographisch genau in ihrem Gedächtnis aufzeichnete, beweist die Schilderung, in der sie bildhaft aufzeigt, wie sich eine Halbschwester ihres Stiefvaters bei der Arbeit mit dem Schrubber verhielt: »Da hob sie, wenn sie zu wischen begann, das Bein in die Höhe, wie man es auf dem Felde tut, um die Gabel in den Mist zu treten, und dazu sang sie.«

Von dieser Tante, die im elterlichen Haushalt und in der Gastwirtschaft mithalf, lernte sie dann auch das nach Art niederbayrischer Gstanzln zu singende Lied von einer Katastrophe, die sich im Anschluß an zwei der berühmten Pockinger Pferderennen ereignet hat: Übermütige Burschen wagten trotz des Hochwassers, das der Inn führte, die Überfahrt. Während sich drei von ihnen retten konnten, kamen acht in den Fluten um. Das Unglück ereignete sich, laut einer der sechzehn Strophen, am Pfingstmontag, dem

21. Mai des Jahres 1888. Dieses Datum stimmt. Der Pfingstmontag jenes von vielen Naturkatastrophen gezeichneten Jahres fiel wirklich auf den im Lied genannten Tag. Ein Beweis für das auch in Kleinigkeiten untrügliche Gedächtnis der Dichterin.

Im Zusammenhang mit der ländlichen Tante, die Lena Christ »Zenzi« nennt, erzählt sie auf zwei Buchseiten die skandalöse Lebensgeschichte des Vaters ihres Stiefvaters. Er war Viehhändler in Pocking und hatte vierzehn Frauen, mit denen er neununddreißig Kinder zeugte.

Jedem Leser muß sich bei dieser Chronik der Verdacht aufdrängen, daß die Autorin ins Fabulieren geraten und dabei die Phantasie mit ihr durchgegangen sei. Offenbar ist es so. Laut der von Josef Dietzinger aus Neumarkt-St. Veit im Pockinger Pfarramt erarbeiteten Genealogie sind für den betreffenden Stiefgroßvater, der von 1840 bis 1907 gelebt hat, jedoch nur zwei Ehen mit insgesamt zwanzig Kindern, von denen elf früh starben, nachweisbar.

»Dann kam eine Zeit, wo mich die Mutter wieder besonders quälte; sie war aber auch gegen andere Leute recht barsch, vor allem gegen den Vater. Dabei wurde sie immer stärker, und nun wußte ich, daß wieder ein Kind kam.« Dieses Büblein, das dritte und letzte Stiefbrüderchen, das, am 17. April 1895 geboren, bei der Taufe den Namen Wilhelm erhielt, nennt Lena Christ in ihren »Erinnerungen« Ludwigl. Wilhelm fiel am 10. Juni des Jahres 1917 an der Westfront. Der erstgeborene Sohn Josef wurde Versicherungsbeamter. Er starb am 6. November 1956 im Alter von 65 Jahren. Friedrich, der Zweitgeborene, kam später in den Besitz der Grabstätte von Lena Christ. Er war Bankbeamter und verschied 1973 achtzigjährig in München.

Allen drei Isaaksöhnen rühmt man vor allem Gutmütigkeit nach, ein Erbe, das vom Vater und mütterlicherseits vom Pichler-Großvater stammen dürfte. Der Härte ihrer Mutter gegenüber zeigten sie sich nachgiebig, ihrer Hysterie begegneten sie mit Nachsicht. Sie waren davon überzeugt, daß ihre Mutter trotz aller Strenge ihr Bestes wollte.

Sie waren unkomplizierte, folgsame Kinder, an denen die Eltern viel Freude hatten, und die zu allen Zeiten fest und sicher im Leben standen.

Während die Mutter erst später, als ihre Söhne heranwuchsen, etwas von einer soliden Schulbildung hielt, war sie, als Lena mit dreizehn Jahren aus der Werktagsschule kam, vom Nutzen einer Mittelschule noch nicht überzeugt. Lena besuchte also nur die sogenannte Mittwochschule. Auch hier lernte sie spielend leicht und war bald allen anderen weit voraus. Es spricht für eine Zeit familiären Friedens, daß Lena als Belohnung für ein gutes Schulzeugnis ihre Ferien auf dem Land, in Haslach, etwa eine halbe Wegstunde südöstlich Glonns bei einer Tante mütterlicherseits verbringen durfte.

Es war der Sommer des Jahres 1894. Der Großvater war schon schwer krank. Sie konnte ihn, dem man eine Einquartierung nicht mehr zumuten wollte, nur noch hin und wieder besuchen. Mit Lena verbrachte auch ein Nachbarmädchen aus der Sandstraße ihre Ferien in Haslach. Die beiden Dreizehnjährigen waren sich überschwenglich zugetan. Es war die erste innige Zuneigung, die Lena für einen gleichaltrigen Menschen fühlte und die mit derselben Hingabe und Zärtlichkeit erwidert wurde. So empfand sie das Siechtum des geliebten Großvaters nicht so niederdrückend, wie es sonst der Fall gewesen wäre.

Die erschütternde Macht des Todes spürte sie erst Monate später. Das Telegramm: »Lenei, komm, Vater stirbt!« erreichte sie, da es an sie persönlich adressiert war, kurz nach Beginn des Unterrichts in der Mittwochschule, die eine Abendschule war. Ohne sich zu entschuldigen und ohne Mantel und Schulzeug lief sie wie von Sinnen heim. Sie wollte noch in der Nacht mit der Bahn nach Grafing fahren und von dort aus den zweistündigen Weg nach Glonn gehen. Es ist verständlich, daß die Dreizehnjährige die Erlaubnis nicht bekam. In ihrem Schmerz aber wollte und konnte sie diese Entscheidung nicht einsehen: »Jammernd und wehklagend lief ich durchs Haus, und die Mutter erreichte weder mit guten noch bösen Worten etwas.«

Zu diesem Bild eines verstörten und bis zur Selbstvernichtung getriebenen Wesens paßt dann auch, was die tags darauf ankommende Depesche: »Vater tot, wird Samstag früh eingegraben«, bei Lena auslöste. Sie wollte sich vom vierten Stock des Hauses in den Hof hinunterstürzen. »Doch in diesem Augenblick riß mich jemand vom Fenster herab, worauf ich ohnmächtig zusammenbrach.«

Am 8. Dezember 1894, einem Samstag, fand die Beerdigung statt. Um den ersten Zug zu erreichen, brach man in München noch bei Dunkelheit auf.

Mancher Wesenszug der Lena Christ ist schwer begreiflich. Sie konnte den Schock, den die Todesnachricht ausgelöst hatte, kaum überwunden haben, als sie sich kraft ihres Willens eine neue Belastung auferlegte. Allen Einwänden entgegenwirkend ruhte sie nicht eher, bis man den Sarg öffnete und ihr den Toten gezeigt hatte. Es war ein schrecklicher Anblick, der sich unauslöschlich ihrem Gedächtnis einprägen sollte: ». . . der Tote hatte Augen und Mund weit offen und war furchtbar entstellt, teils von dem entsetzlichen Leiden der letzten Tage, teils von der vorgeschrittenen Verwesung.«

Alle mit dem Begräbnis zusammenhängenden Ereignisse ertrug und registrierte sie bis zu dem Augenblick, als der Sarg in das Grab gesenkt wurde. Dann überkam es sie plötzlich wieder. Soll man es abgrundtiefe Verzweiflung, soll man es Hysterie nennen? Sie verlor wieder die Besinnung. Später aber, als man darauf zu reden kam, daß der Hansschuster vor dem Sterben so sehr nach der Lena verlangt hatte, trat sie voll flammenden Vorwurfs vor ihre Mutter hin: »Sag's nur, daß d' mi net raus hast lassen! . . . Dös vergiß i dir net, Muatter, daß d' so hart und ohne Herz g'wen bist!« Dabei war es Lena in ihrem Zorn völlig gleichgültig, daß sie ihre Mutter vor allen Trauergästen anschuldigte.

Es entsprach dem am 15. November 1894 zwischen Mathias Pichler und Josef Gröbmayr abgeschlossenen Kaufvertrag, daß der neue Eigentümer nach dem Tod des Verkäufers dessen Anwesen in Besitz nehmen konnte. Als erstbester Termin, zudem der nachfolgende Tag ein Sonntag war, kam demnach nur der Tag des Begräbnisses in Frage. Es hat seine chronistische Richtigkeit, wenn Lena Christ ihre Großmutter seufzen läßt: »O mei, mir kinnan ja nimma hoam!« Die neuen Besitzer, die auch das Vieh sowie das Inventar miterworben hatten, waren, als die Leni mit ihrer Großmutter das Hansschusterhaus erreichte, mitten im Einzug. Verständlich deshalb auch die barsch klingende, aber wohl nicht bös gemeinte Frage: »Was möcht's denn no, Hansschuasterin? Habt's leicht ebbs vergessn?«

Daß die kränkelnde Gröbmayrin, die selber viele Kinder hatte, eine gute Seele war und die Pichler-Großmutter, der es bei ihrer Stieftochter in Haslach nicht zum besten ging, wiederholt in ihrem Haus aufnahm, erzählt Lena Christ erst im nächsten Kapitel ihrer »Erinnerungen«.

Der Älteste der Gröbmayrbuben, der damals etwa fünfjährige Josef, hat noch heute an die Hansschusterin eine dämmrige Erinnerung. Er sieht sie, wie sie still und bescheiden in der Ofenecke das Mus für die Kinder rührte und sich auch sonst nützlich zu machen verstand, wo es das Hauswesen verlangte. Auch mit den tausend Mark, die ihr vom Verkaufserlös zugeschrieben waren, hatte es seine Richtigkeit, wie auch jedes der Pichlerkinder zu gleichen Teilen beerbt wurde. Zuvor aber kamen von den verbrieften fünftausend Mark noch eine Schuld von rund dreizehnhundert Mark an den Austragsbauern Josef Esterl und ein Betrag von einhundertundsiebzig Mark an die Kirche zu Frauenreuth in Abzug.

Der Tod des Großvaters lag lange wie ein schwerer Schatten auf Lena Christs Seele. Sie trauerte und war weltabgewandt. Das bedeutete, daß sie für ihre Mutter keine vollwertige Hilfe war. »... ich mußte nun von früh bis spät arbeiten, um alles recht zu machen. Trotzdem gab es manchen stürmischen Tag mit der Mutter, die in einem fort haderte und schalt und es an Züchtigungen nicht fehlen ließ. Zu allem wurde ich seit dem Tode meines Großvaters von einer großen Schwermut und Traurigkeit befallen, so daß ich mir nicht mehr viel aus meinem Leben machte.«

Aber es gab einen heilsamen Trost für Lena. Schon einige Jahre hatte sie in der Zentralsingschule eine Ausbildung erhalten, aber erst jetzt trug sie Frucht. Ihre Stimme wurde entdeckt und sie selbst als »Pilgermädchen« gewonnen. Diese Kongregation unbescholtener Mädchen, deren besondere Liebe der Jungfrau Maria und der Pflege des geistlichen Liedes galt, und die bis zu Beginn des Zweiten Weltkriegs bestand, gehörte der Heiliggeistpfarrei an. Lena Christ stellt sich in ihrer bei Prozessionen und Wallfahrten getragenen »Uniform Unserer lieben Frau« selber vor: »Über das weiße Kleid kam ein himmelblaues Schulter- kräglein und vor die Brust ein großes silbernes Herz, das an einem blauen Bande hing, und nachdem die Mutter mir das weißblaue Kränzlein ins Haar gedrückt, nahm ich den langen Pilgerstab mit dem silbernen Kreuz und eilte nach einem raschen ›Pfüat Gott, alle mitanand!‹ aus dem Haus, der Kirche zu...« Als Entdecker tritt »der würdige Prälat und Pfarrer Huhn von der Heiliggeistkirche« namentlich in Erscheinung. Stadtpfarrer Adalbert Huhn, der von 1839 bis 1903 lebte, hatte sich durch die Veröffentlichung von Reden und Predigten sowie der Geschichte des Spitals und der Heiliggeistkirche besondere Verdienste erworben.

Hatte Lena Christ bisher die Namen mehr oder minder verfremdet, so kam es ihr hier darauf an, den Namen des von ihr so verehrten Pfarrers, sozusagen als Danksagung, unverfälscht wiederzugeben. Etwas Ähnliches geschieht kurz darauf noch einmal, dann aber in einer tragischen Situation.

Die Zeiten, in denen Lena als Pilgermädchen an den volkstümlichen Wallfahrten nach Altötting, Andechs und Grafrath teilnehmen durfte, waren Lichtblicke in eine irdischhimmlische Glückseligkeit. Aber auch: »...einmal öffentlich anerkannt zu sein, bereitete mir so hohe Freude, daß ich darüber selbst den Neid meiner Kolleginnen vergaß.«

In diese Blütezeit der Seele fällt auch die unsagbar zarte und innige Zuneigung zu einem jungen Geistlichen. Später wird daraus die keuscheste Liebesgeschichte, die je eine bayrische Dichterin schrieb. Dieser geliebte, liebevolle, verständnisvolle und verantwortungsbewußte Mensch war eine jugendliche Nachschöpfung ihres Glonner Großvaters.

Es ist müßig, ergründen zu wollen, was aus Lena Christ geworden wäre, wenn sie später zur richtigen Zeit einen Mann mit solchen Qualitäten gefunden hätte. Er kam nicht. Die Tragik bestimmte ihr Schicksal.

Die nun folgenden Jahre standen für sie noch ganz im Zeichen der Zuneigung zu dem jungen Priester und der beglückenden, an Erlebnissen reichen Pilgerfahrten.

Allem Anschein nach war es auch eine Zeitspanne häuslicher Harmonie. Erst zwei Jahre später, über die sie mit Eilschritten hinweggeht, führten unglückliche Verkettungen zu einer neuen schweren Krise zwischen Mutter und Tochter. Bei der Pflege ihrer an Diphtherie erkrankten Stiefbrüder hatte sich Lena angesteckt. War es mangelndes Verständnis, das die robuste Frau ihrer von längerer Krankheit geschwächten Tochter entgegenbrachte, als sie von ihr Unmögliches verlangte, oder sah sie in der Nichterfüllung von Lenas Pflichten bereits einen Ausdruck der Auflehnung und im Fallenlassen des »kostbaren« Waschgeschirrs eine vorsätzliche Vernichtung? Wieder kam es in einem hysterischen Anfall zu maßlosen Züchtigungen, und mit der Drohung: »Dawerfa tua i di, wenn i net die gleiche Schüssel krieg!« ging die Mutter aus dem Haus.

Wieder kommt es auch bei Lena zu einer folgenschweren Kurzschlußhandlung, kommt es zu einer Flucht, in der sie wie ein gehetztes Wild bis zum körperlichen Zusammenbruch irgendwohin irrt.

Es ist ein erstaunlich weites Wegstück, das sie, getrieben von Angst, Trotz, Verzweiflung und Selbstvernichtungswillen, an einem regnerischen Frühherbstabend des Jahres 1898 zurücklegt. Glonn ist mit dem Tod ihres Großvaters als Heimat und Zufluchtsziel verloren. So rennt sie durch die nächstbeste Straße, durch die Nymphenburger Straße, erreicht Laim und hastet weiter bis in die Nähe von Großhadern. Hier bricht sie auf der Landstraße ohnmächtig zusammen und wird von einem Bauern gefunden. Am andern Tag landet sie dann nach den Stationen Pasing und Polizeiarzt des Münchner Polizeipräsidiums im Städtischen Krankenhaus an der Nußbaumstraße. Sie fühlt sich todkrank. Ihrem Bericht zufolge ist es die dritte Lungenentzündung, die hier behandelt und geheilt wird. Auch bei der Nennung des Arztes, Doktor Kerschensteiner, verzichtet sie, wie vordem beim Stadtpfarrer Huhn, auf ein Pseudonym.

Alle mit dem »Krankenhaus an der Nußbaumstraße« zusammenhängenden Angaben lassen zunächst an einen Aufenthalt in der chirurgischen Abteilung bei dem Obermedizinalrat Josef Ritter von Kerschensteiner denken. Dieser berühmte Chirurg war aber bereits 1896 gestorben. Bald darauf, nämlich vom 1. August 1897 bis 30. November 1898, war sein Sohn, Johann Nepomuck Kerschensteiner, in der ersten medizinischen Abteilung als Assistenzarzt tätig. Nur ihn kann Lena Christ gemeint haben. Auch später, als er Leiter des neuerbauten Schwabinger Krankenhauses geworden war, nahm er sich dort wiederholt ihrer an.

Wie schwierig es bei Lena Christ ist, das Autobiographische vom Legendären zu trennen, mag im Zusammenhang mit der schon geschilderten Flucht folgendes Beispiel zeigen. Lena Christ schreibt, daß sie an einer schweren Lungenentzündung erkrankt und über drei Wochen im Krankenhaus an der Nußbaumstraße gelegen sei. Ihr Bericht enthält, namentlich im Hinblick auf den Besuch der Mutter, so viele glaubwürdige Details, daß man geneigt ist, jedes Wort für bare Münze zu nehmen. Dem stehen aber die bürokratisch genauen Aufzeichnungen des ehemaligen Städtischen Krankenhauses links der Isar gegenüber. Das Kranken-Zugangs-Hauptbuch für das Jahr 1898 weist unter der laufenden Nummer 6752 folgenden Eintrag auf:

> Pichler Magdalena, Gastwirtstochter
> München, Sandstraße 34/4 r bei den Eltern kath.
> 16 Jahre
> Saal 104

Zugang: 27. 9. 98 10¼ Uhr
Abgang: 30. 9. 98
Diagnose: Hysterie, Angina catarrhalis
Aufenthalt 3 Tage, arbeitsfähig entlassen.

Für das von ihr erwähnte heftige Fieber, eine schwere Lungenentzündung oder Diphtherie gibt es keine Anhaltspunkte. Verständlich auch, daß Lena nach der kurzen Zeitspanne von nur drei Tagen nicht gewillt war, wieder ins Elternhaus zurückzukehren. Bereits in der Trambahn sagte sie ihrer Mutter, daß sie eine Stellung als Dienstmädchen annehmen wolle. Es kam nicht dazu. Die Arbeitsvermittlerin, eine von Lenas Mutter beeinflußte alte Oberin des Klosters »Zum Guten Hirten«, befürwortete die Prügelstrafe. Da riß Lena aus und lief heim zum Stiefvater.

»Nachdem dieser mich freundlich empfangen und mir seine Hilfe versprochen hatte, erzählte ich ihm auch dies mein letztes Erlebnis. Da gab er mir recht, und als die Mutter heimkam und über mich klagte, sagte er: ›Dös is a koa G'redats an a krank's Madl hin. Da kann's freili koa Liab und koa Achtung lerna bei dera Behandlung. Sei du mit'n Madl, wie es si g'hört, na werd si bei ihr aa nixn fehln!«

Kaum eine andere Passage drückt mehr über Josef Isaaks Wesen und sein Verhältnis zu seiner Stieftochter aus als der letzte Satz dieses Zitats.

Diese Fürsprache hatte zur Folge, daß Lena von ihrer Mutter »von nun an gut und freundlich« behandelt wurde.

Dieses »von nun an« bis zum nächsten großen Zerwürfnis dauerte aber, wenn man den unbestechlichen Daten folgt, nur einen Monat. »Inzwischen nahte der Hochzeitstag meiner Eltern wieder heran. Es war der zehnte, seit sie geheiratet hatten, und auf den gleichen Tag fiel auch mein Geburtsfest. Ich wurde damals siebzehn Jahre alt.«

Das entspricht auch ganz den Tatsachen. Die Vorbereitungen, die für dieses zweifache Familienfest von Lena für ihre Eltern und von den Stiefbrüdern für ihre Halbschwester Lena getroffen wurden, verleiten jedoch zu der irrigen Annahme, daß dieser Feier eine Epoche häuslichen Friedens

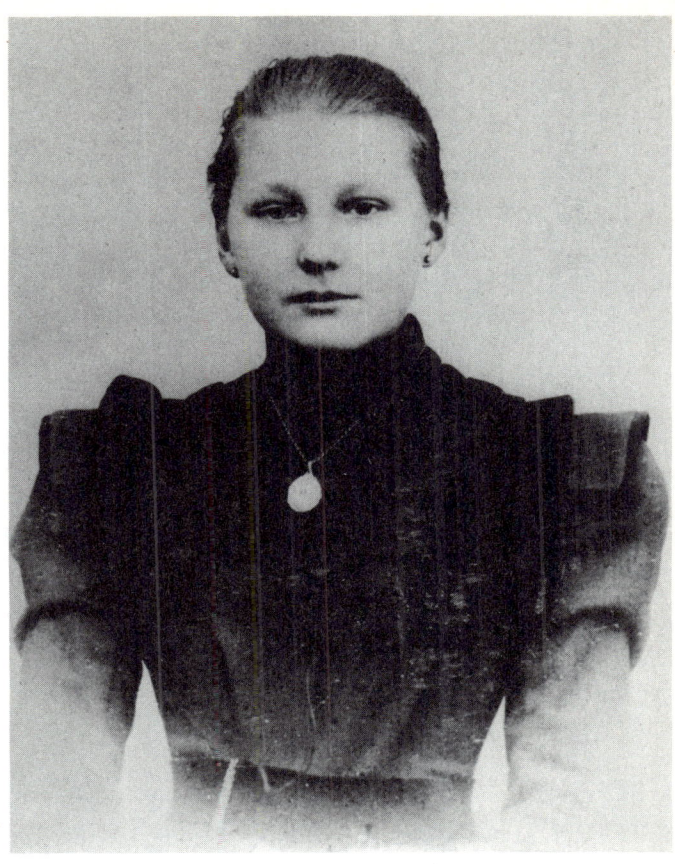

Lena Christ etwa 17 Jahre alt

vorausging. Offenbar war aber weder die Mutter noch die Tochter nachtragend. Beide Teile hatten das letzte schwere Zerwürfnis vergessen. Die Vergangenheit war von den Forderungen der Gegenwart verdrängt. Die Wirtschaft ging glänzend und verlangte die Zusammenarbeit der ganzen Familie.

Betrachtet man das Photo der Eltern, das anläßlich des zehnjährigen Hochzeitsjubiläums im Herbst 1898 entstanden ist, so kann man sich seiner Aussage nicht verschließen: Es ist ein Bild behäbiger, gut fundierter Bürgerlichkeit. Der

Mutter und Stiefvater der Lena Christ, 1898

finanzielle Rückhalt und die damit verbundene Lebenssicherheit sind deutlich zu spüren. Der Überlieferung nach begannen sich die Eltern für Kunst und Künstler aufgeschlossen zu zeigen. Bilder und Holzplastiken aus jener Zeit sind noch heute im Familienbesitz.

Es ist von besonderer Tragik, daß ausgerechnet dieses so verheißungsvoll begonnene Familienfest im Kreis der Stammgäste an jenem Abend des 30. Oktober 1898 ein neues Zerwürfnis heraufbeschwor. Zugleich wirft das nun Folgende ein grelles Licht auf Lenas unüberlegte und impulsive Art. Sich anzupassen und ihre Worte zu überlegen, vermochte sie nicht. So korrigierte und blamierte sie in jugendlicher Besserwisserei ihre Mutter, die den Versuch unternommen hatte, den zehnjährigen in den zwanzigjährigen Hochzeitstag umzumünzen; denn es sollte ja niemand wissen, daß ihre Tochter ein lediges Kind war.

»Jetzt war meine gute Zeit wieder vorbei, und die Mutter quälte mich wieder ärger denn je.«

Kindsmißhandlungen gab und gibt es zu allen Zeiten. Aber wohl kaum sind sie von dem Betroffenen so knapp, sachlich nüchtern, aber auch so eindrucksvoll geschildert worden, wie Lena Christ dies später tut. Wie weit die sadistische Art der Züchtigungen die Phantasie zu Übertreibungen in ihrem Erstlingswerk verleitet hat, entzieht sich der Nachprüfung. Das Erinnerungsvermögen von Lena Christs Stiefbrüdern, zu denen sie immer ein herzliches Verhältnis hatte, reichte nicht so weit zurück. Aber es besteht kaum ein Zweifel, daß sie bei den Bestrafungen ihrer Stiefschwester nicht zugegen waren.

Die häusliche Situation verschärfte sich für Lena von ihrem siebzehnten Geburtstag an in zunehmendem Maße. Das Leben daheim wurde ihr zur Qual und sie trachtete fort.

Wider Erwarten fand sie, als sie sich voll Enthusiasmus für das Klosterleben entschloß, die Zustimmung ihrer Mutter. Es ist verbürgt, daß diese darin eine Gelegenheit erblickte, Lenas Fähigkeiten zu fördern. Das bestätigt auch der Ausspruch: »Kost's, was's mag, wannst nur recht a brave Klosterfrau wirst! Schickn tean ma dir alles, was d'magst, brauchst bloß z'schreibn.«

Kloster Ursberg

Der 5. Dezember des Jahres 1898, der vierte Todestag von Lenas Großvater, war zugleich Reise- und Eintrittstag. Die Mutter, die an Ort und Stelle sehen wollte, was ihre Tochter erwartete, begleitete sie. Es ging mit der Bahn über Augsburg weiter ins Schwäbische hinein. Von der Station Thannhausen aus benützte man den Stellwagen. Ziel war das etwa eine halbe Gehstunde entfernte Kloster: »... angelehnt an einen bewaldeten Hügel, ein imposantes Gebäude und rings um dasselbe eine Menge kleinerer, die den Eindruck einer kleinen Stadt machten.« Auch der Name des Klosters erfährt später eine Verschlüsselung, auf die im Zusammenhang mit der Entstehung der »Erinnerungen« noch weiter eingegangen werden soll. Lena Christ nennt das Kloster »Bärenberg«. In Wirklichkeit handelt es sich aber um das ehemalige Prämonstratenserkloster Ursberg. Diese Stiftung des Grafen Wernher von Schwabegg und Balzhausen hat seit dem Jahre 1569 einen Bären im Wappen. Das im Zuge der Säkularisation aufgehobene, später von einem weiblichen Orden weitergeführte Kloster, in dem die an Körper und Geist Ärmsten der Armen eine Pflege- und Heimstätte finden, nahm Lena als Novizin und Lehramtsschülerin auf.

Überall begegnete man Mißgestalten und Schwachsinnigen. Geistesbeschränkte, aber arbeitsfähige Insassen wurden für eine Vielzahl von leichten Verrichtungen innerhalb des Klosterbetriebs herangezogen. Es war auch für die Mutter eine fremde, unheimliche Welt, die sich hier in Ursberg vor ihr auftat, und sie begriff schneller als ihre Tochter, welche Belastungen auf diese zukommen würden und daß sie ihnen auf die Dauer nicht gewachsen wäre. Etwas rührte sich in ihr, das die ganze tragische Zwiespältigkeit ihres Wesens und auch das zwiespältige Verhältnis zu ihrer Tochter offenbart: »Also, wann's dir gar z'schwer wird, kannst d' es ja schreibn…«

Die Mutter identifizierte sich plötzlich mit ihrem Kind. Was ihr selbst als unzumutbar erschien, verlangte sie auch nicht von ihrer Tochter. Dieser Hauch Wärme löste eine rührende Reaktion aus: »… dann schlang ich plötzlich meinen Arm um ihre Knie, drückte laut aufweinend meinen Kopf in ihre Kleider und lief danach, so rasch ich konnte, an die Pforte und läutete fest, ohne noch einmal umzuschauen.«

Es konnte gar nicht anders sein, das Kloster wurde die nächste große Enttäuschung der Lena Christ. Bald erkannte sie ihren Irrtum und kritisch urteilte sie: »… es war alles nur Drill und von wahrer Güte wenig zu finden: Bigotterie paarte sich mit Stolz, Selbstsucht mit dem Ehrgeiz, vor den Oberen schön dazustehen und als angehende Heilige bewundert zu werden.«

So wird dieser Bericht über das Klosterleben mit seinen Dutzenden von Beispielen zu einem deprimierenden und düsteren Gemälde der Weltfremdheit, in dem man nur hin

und wieder ein paar kleine warme Lichter der Menschlich-
keit entdeckt.

Doch Lenas musikalische Begabung, ihre Stimme erhob
sie über den grauen Klosteralltag, und in Schwester Cäcilia
gewann sie eine wahre Freundin. Jetzt, da sie jemanden
hatte, der auf sie baute, und auf den auch sie vertrauen
konnte, strahlte die Welt wieder. Dann konnte es sein, daß
sie im Überschwang der Gefühle das Kloster mit seinen
strengen Gesetzen vergaß und es zu folgender Szene kam:
»Auf dem Weg zum Musiksaal faßte ich ganz plötzlich in
einer Aufwallung warmen Dankgefühls ihre Hand und
küßte sie wiederholt. Lächelnd entzog sie mir dieselbe,
indem sie sagte: ›Laß doch die dumme Hand! Sie gehört ja
gar nimmer mir...‹ Da meinte ich: ›Aber der Mund g'hört
schon noch Ihnen, gelt, Schwester?‹

›Ja, zum Beten und Singen und...‹

›Und daß ich schnell ein andächtiges Busserl draufgib,
Schwester!‹ rief ich dazwischen, und ehe sie sich dessen
versah, hatte ich sie geküßt.«

Aber die kargen menschlichen Strömungen in dem Meer
der Unpersönlichkeit wärmten auf die Dauer nicht. Alles in
ihr lehnte sich gegen den bedingungslosen Gehorsam auf.
Sie litt darunter, daß ihr, wie auch der verehrten Schwester
Cäcilia, nur ein Weg blieb: »...bald aber erkannte ich
selbst, daß meines Bleibens in diesem Hause nur sein
könne, wenn ich, wie man sagt, mit den Wölfen heulte,
obschon mir jede Art von Scheinheiligkeit zuwider war.«

Jede Minute des Tages, selbst der Verzicht auf manche
Stunde der Nachtruhe sollte die Novizinnen daran erinnern, daß das irdische Dasein nichts, der Glaube und das
Jenseits aber alles seien. Und als Lena am Josefitag miterlebte, wie die jungen Gottesbräute mit einem schwarzen
Bahrtuch überdeckt und ihnen zum Zeichen, daß sie der
Welt entsagten, vom Bischof die Haare abgeschnitten wurden, da bäumte sich ihr ganzes Wesen dagegen auf. Sie war
sich zwar ihrer Weiblichkeit noch nicht bewußt, aber die
Vorstellung, daß man ihr das schöne blonde Haar nehmen
würde, empfand sie wie eine Schändung. Kaltes Grauen,

das sie bis in die Träume verfolgte, packte sie. Ihr Entschluß stand fest: »Nie, niemals werde ich Nonne! Niemals!«

So war die Entscheidung bereits nach einem Vierteljahr gefallen, und es gilt für sicher, daß nur die Liebe zur Musik, verbunden mit der Freundschaft zur Schwester Cäcilia, Lena noch beinahe ein Jahr hinter Klostermauern zu halten vermochte.

Lena war übrigens von ihrer Familie in München nicht vergessen. Es wurden Briefe gewechselt und zu Weihnachten – es war ihr zweites und letztes Christfest, das sie im Kloster verbrachte – erhielt sie ein großes Geschenkpaket ihrer Mutter, die es sich dann auch nicht nehmen ließ, ihre Tochter selbst zu besuchen. Das war Weihnachten 1899. Wenige Tage zuvor hatte man Lena, weil sie ungehorsam war, ihre Entlassung angekündigt. Als Strafe durfte sie in dem vor den Eltern und Besuchern aufgeführten Weihnachtsspiel nur im Verborgenen singen, während eine andere Novizin stumm, aber sichtbar ihre Rolle zu spielen hatte.

Als die Mutter den Grund der Bestrafung erfuhr, enthielt sie sich jeden Tadels. Es entspricht ihrer negativen Einstellung zum Kloster, daß sie in der Maßregelung ihrer Tochter einen Akt der Willkür sah. Es machte auch auf sie wenig Eindruck, als sie dann in der Sprechstunde nur Schlechtes über ihre Tochter hörte, der man, wie man ihr mitteilte, auch mit den härtesten Strafen das weltliche Betragen und den frevelhaften Ungehorsam nicht austreiben konnte.

»Schweigend und finster blickend hatte sie zugehört und sagte jetzt bloß: ›Herr Superior, lassen Sie s' ihr Sach z'sammpacken, i nimm s' mit hoam!‹«

Damit wäre nach dem Willen der Mutter und ihrer Tochter eigentlich schon nach einem Jahr das Ursberger Zwischenspiel beendigt gewesen. Aber man riet der Mutter ab, man wollte es vielmehr noch einmal mit der schwierigen Novizin versuchen.

Die sonst in ihrer Erziehung so harte und unduldsame Frau willigte nur unter der Bedingung ein, daß man ihrer Tochter die Fehler nicht weiter nachtrage. Offenbar wurde der bäuerliche Familiensinn in ihr wach, der sie auch die ungeliebte Tochter gegen Angriffe Außenstehender in Schutz nehmen ließ. Doch nicht genug, beim Abschied am andern Tag öffnete sie der Lena die Tür für eine baldige Heimkunft: »Wenn wieder was is, na schreibst mir's...«

Von diesem Augenblick an hatte Lena jegliches Interesse am Klosterleben verloren. Ihre Erzählung, wonach sie nichts mehr aß, wie ein Schatten herumging und zu kränkeln anfing, darf man allerdings nicht ganz so ernst nehmen. Sie widerspricht auch dem, was sie später selbst nicht ohne Stolz über ihr gutes Aussehen berichtet. Fest steht aber, daß sie trotz der Freundschaft zur Schwester Cäcilia vom Kloster forttrachtete.

»Und nach einigen Monaten schrieb ich meiner Mutter, daß ich keinen Beruf zur Klosterfrau in mir verspüre...«

Es kann sich allerdings nicht um Monate, sondern nur um Wochen gehandelt haben; denn bereits am Aschermittwoch des Jahres 1900 trat sie die Heimreise an. Der Aschermittwoch fiel auf den 28. Februar, und sie schreibt ja auch selbst von ihrer Fahrt im Stellwagen zur Bahnstation Thannhausen: »als ich nun so allein in dem Wagen saß, war es mir, als schwände in dem Maße, in dem ich mich vom Kloster entfernte, auch alles Trübe, und plötzlich kam eine so sonnige Heiterkeit über mich, daß mich die Welt auf einmal viel schöner dünkte, obschon draußen noch alles trotz des beginnenden Märzes an den Winter gemahnte...«

Lena Christs Art ist es, daß sie alles Überwundene zwar in ihrem Gemüt und in ihrem Geist präzise aufzeichnet, daß sie aber auch noch die Kraft aufbringt, sich über düstere Prophezeiungen hinwegzusetzen. Überblickt man Lenas weiteres Leben, dann kann man sich eines Schauers nicht erwehren, wenn man sich die Worte der Präfektin vergegenwärtigt, die sie der Scheidenden mit auf den Weg gab: »Magdalena, Magdalena, du bist verloren, du gehst zugrunde! Schon sehe ich den Abgrund der Weltlichkeit, in den du fallen wirst. Doch geh in Frieden, mein Kind, falls die Welt noch einen für dich hat!«

Diese Worte sind im Grunde nichts anderes, als ein

Gegenstück zu dem Fluch, den die Mutter am Hochzeitsmorgen ihrer Tochter aufbürden wird.

Die Fahrt in die Freiheit beglückte sie. Die Mutter hatte
ihr geschrieben, daß man ihre Hilfe nötig brauchen könne,
weil der Vater krank sei. Für Lena bedeutete dies, daß sie
ihrem Gewissen gegenüber einen guten Grund hatte, die
Schuld, die sie mit dem Verlassen des Klosters auf sich
genommen hatte, durch eine Kindespflicht wiedergutzu-
machen.

Die Stiefbrüder Isaak: Wilhelm, Josef und Friedrich (von links) etwa 1898

Die Mutter nahm sich der Arbeit in der Gastwirtschaft wegen keine Zeit, ihre Tochter selber von der Bahn abzuholen. Aber sie schickte den neunjährigen Josef. Er war kräftig genug, Lena beim Tragen des Gepäcks behilflich zu sein. Herzlich und dem guten, kameradschaftlichen Verhältnis zu allen Stiefbrüdern entsprechend war die Begrüßung auf dem Bahnsteig. Josef bemerkte: »Bist du aber groß und stark wordn; i hätt di bald net g'funden, so hast di verändert.« Auf dem Heimweg, der zu Fuß angetreten wurde, war sie »ziemlich gesprächig«. Der Weg vom Münchner Hauptbahnhof bis zur Sandstraße ist kaum länger als eine Viertelstunde. Und es erklärt sich leicht, daß sie sich schon vom Stiglmayrplatz an beinahe wie zu Hause fühlte, und daß man die Wirtsleni kannte, begrüßte und bewunderte.

»...denn meine Eltern waren in dem Stadtteil sehr beliebt und hatten die weitaus beste Gastwirtschaft des Viertels.«

Das ist richtig und entspricht auch ganz dem, was die allzu knappe, aber sicherlich nicht unfreundlich gemeinte Begrüßung von seiten ihrer Mutter ausdrückte, die gerade alle Hände voll zu tun hatte: »Ah, bist scho da, grüß Gott! Laß nur, is scho recht, i hab fette Händ! Tu nur glei dein Hut und dös Klosterkragerl weg und ziag an Schurz o, na kannst glei d' Supp'n und 'n Salat für d' Leut hergebn!«

»Also begann ich wieder die Wirtsleni zu sein...« So beginnt sie dieses Kapitel eines neuen Lebensabschnittes, das an Erlebnissen und Begebenheiten reich sein sollte. Mußte sie zunächst auch den gewaltigen Kontrast zwischen dem auf Stille bedachten Klosterleben und dem lauten Getriebe einer typisch münchnerischen Gastwirtschaft besonders kraß empfinden, so fiel ihr doch das Einleben nicht allzu schwer. Denn diese Wirtschaft, in der sie in den Zeiten häuslicher Harmonie ihre praktischen Fähigkeiten entfalten konnte, und den Dienstboten gegenüber eine deutliche Vorrangstellung genoß, diese Wirtschaft war ihre Welt.

Lena war von einer tüchtigen Resolutheit, wie es dieser Stand verlangte. Sie war weder prüde noch zimperlich, wenn es zum Beispiel darum ging, mit Streithansln oder ein andermal mit frechen Gesellen, die in ihr eine leichte Beute sahen, fertig zu werden.

Ein neues Lebensgefühl brachten aber vor allem die vielen sittsamen Verehrer aus Lieferantenkreisen, die mit kleinen Aufmerksamkeiten anrückten. Aber über alle diese biederen Sponsierer, die der Lena geistig weit unterlegen waren, machte sie sich im Grunde nur lustig und hielt sie auf Backfischart zum Narren. Wer übrigens in ihr nur die tragische, mit aller Macht dem Selbstmord entgegentreibende »Überflüssige« sehen würde, unterläge einer Täuschung. Neigte die eine Seite ihres Wesens zur Depression und Hysterie, so wies die andere Seite zum Frohsinn und einer liebenswürdigen Natürlichkeit. Dann konnte sie unbeschwert musizieren, singen, vortragen und bei den üblichen, im Wirtshaus begangenen Vereinsfeiern ganze Tische unterhalten. Ihr mimisches Talent, das sie bereits im Kloster bei dem Fastnachts- und Weihnachtsspiel unter Beweis gestellt hatte, feierte dann oft wahre Triumphe. Auch besaß sie jenen Mutterwitz, mit dem sie Arbeiter wie Studierte zu verblüffen vermochte. Sie hatte, was sie später noch oft zeigen sollte, ein feines Gespür für Humor.

Vom frühen Morgen bis spät in die Nacht hatte sie in der Wirtschaft ihr gerüttelt Maß voll Arbeit, lediglich unterbrochen von der etwas ruhigeren Zeit am frühen Nachmittag, wo sie dann allein vor einem Krügerl Bier die Atempause genoß, dabei aber dennoch ihren ganzen Stolz dareinsetzte, während der Abwesenheit ihrer Eltern alles zu deren Zufriedenheit zu erledigen.

Trotzdem kam es aber auch jetzt bei dem jähen Temperament der Mutter bisweilen wieder zu unbegründeten Ausbrüchen. Ihr, die eine vorzügliche, ja leidenschaftliche Köchin war, konnte man nicht leicht etwas rechtmachen. Daß ihr in ihrem Jähzorn nicht nur gelegentlich die Hand ausrutschte, sondern daß sie auch mit mißratenen Leberknödeln warf und bei den Gästen über das »himmellange

Frauenzimmer« schimpfte, das zu nichts zu gebrauchen sei, ist ihr zuzutrauen. Solche Entgleisungen wurden von den Bauarbeitern, Handwerkern und kleinen Geschäftsleuten, die zu den Stammgästen gehörten und selber mitunter handfest aneinandergerieten, nicht allzu ernst genommen. Auch Lena, obwohl es sie ärgern und ihren Stolz treffen mochte, trug ihrer Mutter nichts nach.

Hatte sich nach der Rückkehr vom Kloster zunächst zwischen Mutter und Tochter alles leidlich gut angelassen – eine Zeit, in der auch Lena heiter und aufgeschlossen war –, so kam es bald wieder zu häufigen und heftigen Szenen: »...nicht selten nahm sie noch wie früher den Stock und prügelte mich elendiglich ... und ich wurde nun wieder trübsinnig und verlor alle Lust zum Schaffen und schließlich auch zum Leben.«

Dieses »wieder trübsinnig« erklärt wohl die ganze Tragik des Verhältnisses zwischen Mutter und Tochter. In diesem Bereich lag die Möglichkeit der Katastrophe.

Wie schon einmal, sollte wieder eine Feier den Anlaß für ein Drama geben. Der Namenstag ihrer Mutter rückte heran. Und Lena wollte ihr mit einer Spitzendecke, von der sie vorgab, sie selbst gehäkelt zu haben, eine Freude machen. Aber die Mutter kam nicht nur hinter die Lüge, sondern auch hinter Ersparnisse, die sich Lena für den Fall, daß sie es daheim nicht mehr aushalten sollte, in kleinen Beträgen als Fluchtgeld beiseite geschafft hatte.

Die Reaktion der Mutter ist wieder wie in ähnlichen bisherigen Fällen. Sie schlägt nicht sofort zu, sondern sie steigert sich nach dem Ausspruch: »Heut konnst di aber g'freun! Heut treib i dir's Lügn aus für allweil!« in eine Stimmung hinein, in der sie zu allem fähig ist. Lena hat nur noch den einen Gedanken: »Heut bringt's di um... Dann sagte sie, indem sie den großen, eisernen Schürhaken vom Herd nahm und sich zum Gehen schickte: ›Richst's Hundsfressen no her, du Schinderviech; nachher gehst 'nauf!‹«

Lena ging nicht hinauf. Sie öffnete sich mit dem Tranchiermesser beide Pulsadern an den Handgelenken und verkroch sich im Weinkeller. Es ist bezeichnend, daß ihrer späteren Darstellung nach, niemand anders als ihr Stiefvater zum Retter wurde. Eine Frau, die durch das Fenster der Gassenschenke den Vorfall beobachtet hatte, brachte den eilig Herbeigerufenen auf die Spur. Die Wunden heilten nach ärztlicher Behandlung schnell, die Narben sah man ihr Leben lang.

Es mag erstaunen oder als Glück im Unglück angesehen werden, daß Lena bereits am andern Tag in der Lage war, ihre Giesinger Base aufzusuchen. Bei ihr, wo sie liebevoll aufgenommen wurde, durfte sie ein paar Wochen des Frühherbsts bis zu ihrer völligen Genesung verbringen.

Das Giesinger Häusl, von dem sie schreibt, befand sich als Rückgebäude in der Birkenau 19. Hier wohnte ihr Onkel mütterlicherseits, der am 11. Februar 1855 in Glonn geborene Mathias Pichler, der sich, zum Unterschied von seinem Vater Mathias Pichler, Lenas Großvater, eine variable Schreibweise des Familiennamens – bisweilen unterschrieb er als »Bichler« – angeeignet hatte. Mit der 1866 geborenen Babett war er seit fünf Jahren verheiratet. Sie ist gemeint, wenn in den »Erinnerungen« der Lena Christ vom Giesinger Basl die Rede ist. Von dieser Babett, die hilfsbereit und der Lena sehr zugetan war, erhielt sie auch das Dinggeld von fünf Mark für die Arbeitsvermittlerin, die der Stellungsuchenden einen Arbeitsplatz in der Floriansmühle in Freimann, einer beliebten Münchner Einkehr im Norden der Stadt, vermittelt hatte.

In der Floriansmühle

Es mag zu Oktoberbeginn des Jahres 1900 gewesen sein, als Lena ihre Arbeit als Köchin aufnahm. Die Herbstmanöver fielen in die Zeit ihres Dienstantritts. Das Schwadronieren galanter, junger und gebildeter Offiziere machte auf Lena großen Eindruck. Hier, in der Floriansmühle, begegnete sie Gästen mit einem höheren Bildungsniveau als daheim in der Sandstraße. Und sie begriff schnell, daß sie hier noch einiges dazulernen konnte. Sie gab sich frei,

Die Floriansmühle in München-Freimann

ungehemmt und natürlich. Die Flucht aus dem Machtbereich der Mutter hatte bewirkt, daß Lena alles Düstere und Beklemmende zurückdrängen und wieder eine positive Lebenseinstellung gewinnen konnte. Singend ging sie durch den Englischen Garten und den Aumeister zu ihrem neuen Arbeitsplatz. Auch der harmlose Flirt mit einem jungen Leutnant zählt zu den Lichtblicken jener Tage. Der Abschied schmerzte nicht, er gehört ja zum Manöver: »Danach gab mir ein jeder der Offiziere, die durch den Herrn schon erfahren hatten, daß ich eine Bürgerstochter und ein braves Mädel sei, die Hand, viele schöne Worte und einen blanken Taler, und einer bat mich gar um ein ›Busserl‹, wofür er mir versprach, er wolle ewig an dieses Herbstmanöver denken.«

Daß sie eine Bürgerstochter und ein braves Mädel sei, darauf legte sie großen Wert. Dieses Bewußtsein gab ihr Halt und die Voraussetzung für ein selbstsicheres Auftreten. Durch ihren Fleiß und ihre Leistung wollte sie anerkannt, geschätzt und beliebt sein. Das gelang ihr während ihrer Dienstzeit in der Floriansmühle in hohem Maße. Frau Anna Kaltenbach, die damals zehnjährige Tochter des

Besitzers, hat Lena Christ zeitlebens nicht vergessen: »Den Gästen gegenüber war sie immer freundlich und liebenswürdig, sonst hätten diese sie ja nicht so gern gehabt.« Und noch etwas wußte die alte Dame zu erzählen, das ein leibhaftiges Bild der neunzehnjährigen Lena entwirft. Die Stammgäste pflegten sie ihres wippenden Ganges wegen, mit dem sie von Tisch zu Tisch eilte, »Bachstelzerl« zu rufen.

Auch später führte Lena Christs Weg noch einmal in die Floriansmühle. Frau Kaltenbach berichtete darüber: »Als sie Ende des Ersten Weltkrieges nochmal bei uns war, kam sie in Begleitung von Stadtbibliothekar Hans Ludwig Held und einem andern uns bekannten Herrn. Der junge Mann, der sie ins Unglück brachte, war nicht dabei. Wir hatten bei diesem Besuch auf ihren eigenen Wunsch, der uns allerdings unverständlich war, keinerlei Kontakt mit ihr. Sie kam uns nur etwas bedrückt vor.«

Um die im Zusammenhang zwischen Lena Christ und ihrer Mutter oft zitierte Haßliebe begründen zu können, bedarf es eigentlich nur des folgenden beispielhaften Ereignisses.

An einem Novembertag tauchte Lenas Mutter in der Floriansmühle auf. Man kann bei ihrer Mentalität nicht erwarten, daß sie schuldbewußt oder als reuige Sünderin gekommen wäre. Vielmehr verbarg sie ihr Interesse am Ergehen ihrer Tochter hinter einer barschen Erkundigung: »I möcht anfragn, wie sie si aufführt und was s' Lohn hat!« Diese Anfrage drückt eine ganze Skala vielschichtiger Überlegungen aus, die nicht nur negativ gewertet werden können. In ihrer Bedeutung sind sie vom Weihnachtsbesuch im Kloster Ursberg nicht zu trennen. Hatte die Mutter damals aber sofort herausgefunden, daß ihre Tochter unglücklich war und gerne wieder nach Hause wollte, so war es diesmal zunächst anders. Lena prahlte mit ihrer guten Stellung, ihrer Beliebtheit und den guten Einkünften. Die darauf erfolgte Reaktion ihrer Mutter »halb erstaunt, halb spöttisch« war zum größten Teil Ausdruck ihrer Enttäuschung, in die sich zugleich Bewunderung mischte: »Oho! Schneibt's leicht dir d'Goldstückl, daß d' so rumschmeißt damit?« Aber dann sah sie ein, daß das nicht der richtige Ton war. Sie mußte Farbe bekennen, mußte ihren Stolz besiegen. Nur so war es möglich, dem Gespräch die erwünschte Wendung zu geben: »I hätt di gern wieder dahoam g'habt; aber wenn's dir so guat geht da, na wirst z'erscht net nauf wolln zu uns!«

Die Bitte, die zwar nur anklingt, ist für Lena eine Offenbarung. Vor Rührung dem Weinen nahe, gibt sie zu, daß sie viel lieber daheim wäre, und sie gesteht etwas ein, worunter sie schon lange gelitten hat: »Sagen 's ja alle Leut, daß 's a Schand is, wenn a so a reiche Bürgersfamilie ihr Tochter zum Deana laßt!«

Und reich im bürgerlichen Sinne konnte sich die Familie wirklich nennen. Die Wirtschaft, die nach wie vor eine Goldgrube war, hatte es Vater Isaak ermöglicht, das vierstöckige Mietshaus in der Sandstraße zu kaufen.

Zum Abschied begleitete Lena ihre Mutter eine kleine Wegstrecke. Dabei kam es zu einer vielsagenden Szene. Die Mutter erinnerte sich an den Selbstmordversuch ihrer Tochter und faßte plötzlich ihre Hände: »So dumm z'sei! Wia leicht kunnst tot sei und i hätt d'Verantwortung!« Dabei wurde ihr gewiß nicht bewußt, daß sie zwar das Mitgefühl voraussstellte, daß sie aber in einem Atemzug nicht nur ihre Schuld zugab, sondern gleichzeitig an ihren Ruf als Geschäftsfrau und Mutter dachte.

Lena gefiel es von diesem Tag an nicht mehr im fremden Dienst. Sie dachte an Weihnachten, und nichts und niemand vermochte sie in der Floriansmühle noch zu halten. Mit aller Macht zog es sie in die Sandstraße, die ihr Heimat geworden war.

Letzte Rückkehr

Glücklich kehrte Lena heim. Mit dem Fiaker fuhr sie vor. Fahren tat sie für ihr Leben gern, und nicht unbegründet hatte ihr zweiter Ehemann, Peter Benedix, später den Satz geprägt, wonach sie am liebsten vierspännig durchs Leben gefahren wäre.

Das Weihnachtsfest des Jahres 1900 stand vor der Tür. Die Mutter versprach, daß sie ihrer Tochter »nichts in den Weg« legen, der Vater, daß man sie »gut halten« wolle. Wie nach der Rückkehr aus dem Kloster machte ihr die Arbeit viel Freude.

Hatte sie vordem nur Verehrer, so brach jetzt ein wahrer »Freierkrieg« aus. Leider gibt es von Lena kein Photo aus jener Zeit, doch beschreibt sie sich selber recht anschaulich: »Inzwischen war ich eine ganz stattliche Dirn geworden und betrachtete gar manches Mal mein Spiegelbild mit Befriedigung und geheimem Wohlgefallen ... Mein reiches, blondes Haar hatte ich zierlich geflochten und als Krone aufgesteckt; in die Stirn hingen ein paar natürlich aussehende, wirre Löckchen ...«

Obendrein hatte sich herumgesprochen, daß die Wirtsleni neben den augenscheinlichen Vorzügen auch über eine stattliche Mitgift verfügte. Das mochte sie für manche noch begehrenswerter machen. Es dürfte schwer sein, den Beweis zu erbringen, daß es sich bei den zahlreichen Bewerbern um Männer ihrer Phantasie gehandelt hat. Zu glaubhaft stehen sie mit ihren Vorzügen und Fehlern im Zeitgeschehen. Ohne Zweifel hat sie auch die Namen derer, die sie auf ihre Art geprüft und für untauglich befunden hat, nach dem Grade ihrer Bewertung verändert. Wenn man ihre »Erinnerungen« für bare Münze nimmt, ist die Zahl der Heiratskandidaten, die innerhalb von zehn Monaten um ihre Hand anhielten, genau elf. Einer, der wesentlich jünger war und zu spät kam, ist dabei nicht mitgerechnet.

Für Lena war dieses Gedränge der Freier eine Belustigung wie das Treiben auf dem Jahrmarkt. Dabei war für sie das Vergnügen so groß, daß sie gar nicht merkte, was dieses Spiel bedeutete und wohin es führte.

Bezeichnend ist, daß sie den Kavalier, der ihr Schicksal wurde, »vorfahren« läßt, obwohl er im Haus gegenüber wohnte. Sie gibt ihm später den Namen Benno Hasler und erzählt, daß er Prokurist gewesen sei. In Wirklichkeit hieß er Anton Leix und war Buchhalter in einer nahegelegenen Käserei. Obwohl sie ihn in ihrem Lebensbericht vordem

mit keinem Satz erwähnte, muß sie den vierundzwanzig-
jährigen jungen Mann mit dem modischen Mittelscheitel
längst gekannt haben. Sein Vater, Johann Leix, ein gelernter Schreiner, der aus Rettenbergen unweit Augsburg
stammte, betrieb nämlich der Isaakschen Gastwirtschaft
gegenüber eine Holz- und Kohlenhandlung. In diesem
Haus, das ihm mit seiner Frau Elise gehörte, wohnte auch
ihr am 17. Mai 1877 in München geborener Sohn Anton.
Man kann es nicht anders als eine schicksalshafte Verkettung nennen, daß Lena, die für den stürmischen Bewerber
weder Zuneigung noch Abneigung empfand, innerhalb
von Stundenfrist seine Braut wurde. Hatte ihr Stiefvater
feierlich zum Ausdruck gebracht, daß er ihr bei ihrer Entscheidung nichts dreinreden wolle, so verhielt sich ihre
Mutter, die von der Rede des jungen Mannes zu Tränen
gerührt war, ganz anders: »... jetzt aber zog sie mich laut
aufschluchzend an ihre Brust und rief aus: ›So a Glück, ha,
so a Glück! I gunn dir's von Herzn Deandl; bist ja so a
richtigs und ordentlichs Madl und konnst'n glückli macha
...‹ Dann schob sie mich von sich und drückte mich ganz
fest an die Schulter des freudig Überraschten, der sofort die
Arme ausbreitete und mich zärtlich umfing.« Dann nahm
Lena, trotz der aufgeregten Stimmung, die alle befallen
hatte, ungerührt ihre Arbeit wieder auf. Glaubhaft ist, daß
ihre Gedanken wirklich nur um eines kreisten: »... ob ich
wohl ein seidenes Brautkleid kriegen würde.«

Die Vorbereitungen für den Besuch eines der damals sehr
beliebten Abendkonzerte im Löwenbräukeller, der Auftritt
des Bräutigams, der Tausch der Verlobungsringe, die Kon-
versation, die bei den verschiedenen Anlässen geführt
wurde, könnten Szenen aus einer Vorstadtkomödie der
Jahrhundertwende sein. Da wird an nichts gespart, wenn es
gilt, sich zur Schau und unter Beweis zu stellen, daß man
eine gute Partie ist. Man will um jeden Preis imponieren.
Dazu paßt der bei jeder Gelegenheit wartende Fiaker. Will
Lena Christ später damit die Protzenhaftigkeit karikieren,
ist er Produkt ihrer Phantasie oder muß man den Fiaker als
schriftstellerisches Element der Verfremdung werten?

Gleichviel, er paßt in diese Welt, in der gefahren werden muß, wenn man etwas gelten will, auch wenn die Entfernung von der Sandstraße zum Löwenbräukeller nur dreihundert Meter beträgt. Und es mag zur Art dieses Theaters gehören, daß die Braut vorerst nur eine Nebenrolle spielt.

Dagegen wirkt die Vorstellung der Braut bei den Eltern des Bräutigams, ein Besuch, dem Lena voll Angst entgegensah, wie eine wahrhaft herzliche, menschliche Begegnung.

Den Vater ihres Hochzeiters beschreibt Lena Christ später als einen sehr rüstigen, hochgewachsenen Mann von etwa sechzig Jahren. Er war im Jahre 1845 geboren und bewegte sich also Ende des Jahres 1901 wirklich auf die sechzig zu. Auch seinen Vornamen läßt sie, wie zuvor bei ihrem Stiefvater, unverändert. Nur wählt sie statt des Taufnamens Johann die Rufform Hannes.

Das vorhandene Familienphoto zeigt auch Elise Leix, Lenas Schwiegermutter. Man braucht dazu nur zu zitieren, was Lena Christ über sie schreibt, um zu erkennen, mit welchem geringen Aufwand sie ein gültiges Bild zu entwerfen vermochte: »Sie war ein kleines, zusammengeschrumpftes Weiblein mit glattgescheiteltem Haar über der runzligen Stirn. Aus dem gelblichen, furchigen Gesichtlein blickten ein paar wasserhelle Augen forschend umher, und die rauhen schwieligen Hände erzählten von rastloser Arbeit, deren Segen man überall in Haus und Geschäft wahrnehmen konnte.«

Elise Leix stand damals im fünfzigsten Lebensjahr, wirkte aber älter. Sie hatte am 5. November 1851 als Tochter des Münchner Geschäftsmannes Magnus Mayr das Licht der Welt erblickt und mit vierundzwanzig Jahren den im elterlichen Betrieb tätigen Schreiner Johann Leix geheiratet. Ihre beachtliche Mitgift, verbunden mit einem unermüdlichen Fleiß, waren der Grundstock eines überall sichtbaren Wohlstandes und einer behaglichen Wohnkultur. Dagegen empfand Lena den elterlichen Salon, der wenige Tage später bei einem Gegenbesuch der Familie Leix präsentiert wurde, als protzig.

Bei dieser Visite, als Lena ihren Verlobten beiseite nahm, um ihm Erinnerungsstücke und Briefe zu zeigen, kam es auf, daß sie gar nicht Isaak hieß. Sie nannte sich aber auch nicht Christ, wie sie in ihrem Lebensroman schreibt; diesen Namen wählte sie erst als Schriftstellerin. Laut dem Taufschein trug sie den Namen ihrer ledigen Mutter Magdalena Pichler.

Den Moralbegriffen der Jahrhundertwende entsprechend blieb die Entrüstung über die ledige Herkunft der Braut nicht aus. So schien es geraten, die Höhe der Mitgift in die Waagschale zu werfen. Bei der Summe von achttausend Mark Vatergut und dreißigtausend Mark Muttergut zeigte man sich gleichermaßen nachsichtig wie erfreut. Stiefvater Isaak gab überdies zu verstehen, daß auch er einmal, wenn es nötig wäre, einspringen könnte.

Der junge Leix, Lenas Bräutigam, wird von Leuten, die ihn persönlich kannten, als ein labiler, weicher und gutmütiger Charakter geschildert. So passen die Tränen, die er an jenem Oktobertag beim Stuhlfest in der Pfarrei St. Benno weinte, ganz zu seinem Wesen. Lena hingegen, froh, die von ihr als peinlich empfundene Ehe-Unterweisung hinter sich zu haben, benahm sich nachher übermütig wie ein Kind: »Juhu, g'heirat werd! Da derf i mit der Scheesn fahrn und hab an Schlepp und a seidens G'wand, juhu!«

Als Hochzeitstag hatte der Bräutigam mit dem Pfarrer den zweiten Dienstag im November vereinbart. Dabei blieb es, wie die Urkunde bestätigt. Der 12. November 1901 war tatsächlich der zweite Dienstag im November. Ein Beweis mehr für das untrügliche Gedächtnis der Lena Christ und die Bestätigung dafür, daß die »Erinnerungen« kein »Roman« sind, sondern autobiographischen Wert besitzen, was jedoch bei ihr gefühlsmäßige und der Phantasie entsprungene Situationsschilderungen nicht ausschließt.

Das Verhältnis der Lena zu ihrer Mutter ist von einem fortwährenden Auf und Ab bestimmt. Als dieser eigensüchtigen Frau plötzlich bewußt wird, wohin die Hochzeitsvorbereitungen führen, verfällt sie in zunehmendem Maße wieder in Hysterie: »Und i leid's einfach net, daß d'gehst! Dös war dös rechte! I kannt mi dahoam darenna vor lauter Arbat und dö gnädi Fräuln laafat furt und tat d'Wohnung eirichtn...«

Es ging weiter steil abwärts. Die Auftritte häuften sich, zumal auch Lena nicht immer geneigt war, alle Ausbrüche unwidersprochen hinzunehmen. So kam es an ihrem Hochzeitsmorgen zu jenem schauerlichen Fluch, der, würde man ihn anders deuten, einer Weissagung gleicht: »Und mein Wunsch will i dir aa no sagn: du sollst koa glückliche Stund habn, solang'st dem Menschn g'hörst, und jede guate Stund sollst mit zehn bittere büaßn. Und froh sollst sei, wannst wieder hoam kannst; aber rei kimmst mir nimma. Jatz woaßt es!«

Diese Verwünschung traf Lena wie ein Peitschenschlag. Sie wurde ohnmächtig. Nachher, vor den Leuten, gab sich die Mutter liebevoll, ja zärtlich. War es nur Theater oder Ausdruck jener Haßliebe, die sich ihrer wieder so unheilvoll bemächtigte? Wie wäre auch sonst ihr unerwartetes Erscheinen in der Kirche zu erklären, das Lena Christ ihr Leben lang nicht mehr vergessen konnte: »Da sehe ich plötzlich hinter einem der mächtigen Pfeiler das verzerrte Gesicht meiner Mutter auftauchen; sie stand ohne Hut, im Wirtschaftsgewand und in der weißen Schürze, nur ein leichtes Tuch um die Schultern gelegt und starrte mit glühenden Augen auf den Zug...«

Sie war eine Getriebene, eine Besessene und Unberechenbare, die nicht wußte, was sie tat, wenn es um ihre Tochter ging.

Erste Ehe

Galt die Familie Leix zwar als nicht so wohlhabend wie die Isaaks, so war sie doch begütert. Ein Zeichen dafür war das Eigentum des der Wirtschaft gegenüberliegenden Mietshauses, das nach der damaligen Bezifferung die Nummer drei hatte.

Im zweiten Stock dieses Anwesens erhielt das junge Paar eine eigene Wohnung, die völlig renoviert und, was um die

Jahrhundertwende ein Merkmal gehobenen Lebensstils war, mit einem Bad ausgestattet wurde. Bezüglich des Wohnzimmers hatte sich Lena für altdeutsche Möbel entschieden. Während also Stiefvater Isaak bei einem Schreiner wunschgemäß das Mobiliar in Auftrag gab, übernahmen Lenas Schwiegereltern die Kosten für die großzügige Wohnungsrenovierung, und die Schwiegermutter tat noch ein übriges und füllte Federn in Plumeaus und Kissen, damit das Nest des jungen Paares weich und warm und der Hausstand für das Glück zu zweit gerüstet wäre.

Um so tragischer mag es erscheinen, daß diese Ehe von vornherein zum Scheitern verurteilt war. Soweit man bei

Hochzeit mit Anton Leix am 12. November 1901

Umständen, die allein von der Natur bestimmt werden, von Schuld oder Versagen reden kann, lag diese Schuld in erster Linie bei Lena. Sie war nicht fähig, eheliche Liebe zu geben, noch sie zu empfangen.

Seit ihrem vierzehnten Lebensjahr litt sie unter Blutarmut. Statt des vierwöchigen Zyklus deuteten lediglich Schwächezustände und Ohnmachten diese Zeit an. Die Reife des Mädchens hatte sie erst wenige Wochen vor ihrer Hochzeit zum erstenmal erfahren. Das war ihre körperliche und, davon abhängig, auch ihre seelische Verfassung, in der sie die Ehe mit einem dem Alter nach wohl zu ihr passenden Mann einging.

Anton Leix, der nach Art der meisten jungen, potenten Männer in der Frau seiner Wahl einen weiblichen Gegenpol seiner Wünsche und Vorstellungen erwartete, konnte sicherlich nur schwer begreifen, daß seine Frau nicht jene sinnliche Bereitschaft mitbrachte, die er voraussetzte.

So begann das Drama bereits in der Hochzeitsnacht. Ein einziger Satz drückt aus, wie Lena diese Nacht empfand: »... und am andern Morgen, als ich aufstand, war ich nicht mehr das frische, sorglose Mädchen, und der Spiegel zeigte mir ein müdes, fremdes Gesicht.«

Ihre Abneigung und Kälte bewirkte bei ihm eine Steigerung seiner Leidenschaft; mit aller Intensität versuchte er, sie in den Kreis seiner Wünsche zu führen und sie zur Liebe zu erwecken.

Ähnlich wie vordem in den Krisenzeiten ihrer Kindheit und Jugend erkrankte auch jetzt unter der neuen Belastung ihr Gemüt. Sie hatte Angst vor der Fortsetzung dieser Ehe: »... und die Zärtlichkeiten meines Mannes verursachten mir körperlichen Schmerz; dazu litt ich an quälenden Herzschmerzen und hatte nur noch den einen brennenden Wunsch: ein Kind. Dieses Verlangen allein bewog mich immer wieder, zu gehorchen, mich hinzugeben, zu leiden und zu schweigen.«

Lena fühlte sich als Dulderin, als Märtyrerin. Sie konnte keine Liebe heucheln. Deshalb mußte ihr Mann bald spüren, was sie dachte, was sie empfand. Statt ihm eine irdisch

verbundene, vertraute Gattin zu sein, wandte sie sich einer
Frömmigkeit zu, die ihm fremd war und in der er eine
Flucht aus dem körperlichen Bereich der Ehe sehen mußte.

Als sie sich schließlich Mutter fühlte, geriet sie ins Träumen. Sie wollte mit der lauten Welt nichts mehr zu tun
haben. Sie schloß sich ab, lebte eingesponnen in einem
Phantasiebereich. Auch das Verhältnis zu ihren Schwiegereltern begann immer mehr zu leiden. Sie sahen wohl nach

Familie des Bräutigams
Leix Johann sen., Anton, Elise und Johann jun.

Art erfahrener Menschen, wohin diese Ehe führte. Dennoch freute man sich zunächst gemeinsam auf das Kind.

Am Allerheiligentag, als die Soldaten mit Pauken und Trompeten durch die Straße zogen, um in der nahen Bennokirche den Namenstag des Prinzregenten Luitpold zu feiern, war es soweit. Das erste Kind kam am 1. November 1902 zur Welt und wurde auf den Namen Anton getauft. Es entspricht auch der Wahrheit, daß Lena wenige Monate später wieder »Mutterhoffnungen« spürte! Aber: »Bald begann ich zu kränkeln, und mit der Gesundheit schwand mein guter Humor, und ich wurde zur gealterten Frau, die vom Leben nichts mehr hofft.«

So ging es mit der Ehe weiter bergab. Hinzu kam, daß sich die Schwiegereltern mit den Isaaks verfeindet hatten, worunter Lena sehr litt. Bisher hatte sie es aus Vernunftgründen vermieden, ihre Eltern zu besuchen. Plötzlich aber hielt sie es nicht mehr aus und lief zu ihrer Mutter. Sie wurde jedoch von ihr lieblos abgewiesen. Dahinter stand die Eifersucht: »Was geht mi dei Elend o! Geh zu dö Haslerischen (Verfremdung für die Familie Leix), dös san jetzt deine Leut!«

Waren die angeblich im Rausch begangenen Exzesse ihres Mannes die Reaktion auf eine Summe ehelicher Enttäuschungen oder waren sie bei Lena Ausdruck einer durch körperliche und seelische Zerrüttung übersteigerten Phantasie? Es mag allerdings zu denken geben, daß Lena einmal, als sie in größter Bedrängnis um Hilfe rief, ihren Schwiegervater – er starb erst im Jahre 1927 – als Zeugen nennt: »Auch sein Vater kam, und es geschah nun etwas, was mich noch heute erstaunt: Der alte Hasler (Leix) faßte seinen Sohn vor allen Nachbarn am Genick, setzte ihn auf einen Stuhl, gab ihm ein paar tüchtige Ohrfeigen und stieß ihn sodann mit großer Gewalt zur Tür hinaus.« Ferner ist es Tatsache, daß es bald darauf zwischen Eltern und Sohn zu einem schweren Zerwürfnis kam. Die Folge war, daß Anton Leix mit seiner Familie die Wohnung im Hause Sandstraße 3 verlassen mußte.

Nachweislich war die Familie im Jahre 1905 in der Lori-

Lena mit Toni

straße 2, ein Jahr später in der Linprunstraße 49 (nach der neuen Numerierung Nr. 35) gemeldet. Dabei dürfte es sich um jene Zeit gehandelt haben, in der Anton Leix ein eigenes Geschäft, vermutlich die Herstellung von Käse, begonnen hatte. Seine Frau half ihm dabei. Die Tochter erinnert sich noch schemenhaft, wie ihre Eltern mit einer Presse hantierten und die zu Hause hergestellte Ware in blaue Schachteln verpackt wurde.

Noch im Hause ihrer Schwiegereltern hatte Lena Christ ihr zweites Kind geboren. Es kam am 27. Dezember 1903 zur Welt und wurde auf den Namen Magdalena getauft. Drei Jahre später, am 20. Dezember 1906, schenkte Lena ihrem dritten Kind, wieder einem Mädchen, das Leben. Es erhielt den Namen Alexandra Eugenie und wurde, als es größer war, Alixl gerufen.

Es entspricht der Wahrheit, daß mehrere Fehlgeburten die Gesundheit der ohnehin geschwächten jungen Frau untergruben. Das Familienleben wurde zermürbend.

Wieder berichtet Lena Christ darüber summarisch, vieles verschweigt sie. Die häufigen Wohnungswechsel, eine Folge des raschen wirtschaftlichen Abstiegs, läßt die Autorin unerwähnt. Nach der Lori- und Linprunstraße ist die Familie bereits im Jahre 1907 in der Sternstraße 10 und ein weiteres Jahr später in der Klenzestraße 13 gemeldet. Während sie sich in den ersten Jahren ihrer Ehe noch ein Dienstmädchen leisten konnten, sind sie jetzt gezwungen, ein Zimmer an Studenten unterzuvermieten.

Wann Anton Leix durch mißglückte Bauspekulationen das gemeinsame Vermögen – Lena Christ spricht von fünfzigtausend Mark – verloren hat, läßt sich nicht mehr genau ermitteln. Möglicherweise besteht aber zu der von ihm begangenen Veruntreuung eines größeren Geldbetrages ein zeitlicher Zusammenhang.

Lena trennte sich im Jahre 1909 von ihrem Mann. Die Scheidung wurde aber erst am 13. März 1912 ausgesprochen. Anton Leix, der nach dem Tode seiner Eltern mit seinem erstgeborenen Sohn im Hause Sandstraße 3 lebte, heiratete wieder. Er starb am 27. Oktober 1942 im Alter von 64 Jahren.

Alles weist darauf hin, daß Lena Christ mit dem von ihr geschilderten Tobsuchtsanfall ihres Mannes und seiner Verbringung in die Psychiatrische Klinik sowie seiner anschließenden Einweisung in die Kreisirrenanstalt nichts anderes als die auf die Eigentumsdelikte folgenden Auswirkungen, beziehungsweise Repressalien hinweisen oder davon ablenken wollte. Anton Leix war mit Sicherheit

nicht geistesgestört. Später nahm er eine Tätigkeit als
Lagerhalter an.

Als sich Lena Christ von Anton Leix trennte, stand sie
völlig mittellos und gesundheitlich äußerst anfällig mit
ihren Kindern allein. Der Versuch, Hilfe bei ihrer Mutter zu
finden, um wenigstens die gepfändeten Möbel auslösen zu
können, scheiterte. Bezeichnenderweise aber hatte diese
bald darauf die Schäffler zu ihren traditionellen Tanz vor

Ihre Kinder Toni und Leni

die Wirtschaft geladen. Dieses Vergnügen, das zugleich eine beliebte Werbung Münchner Unternehmen ist, können sich nur wohlfundierte Geschäftsleute und Firmen leisten. Damit will Lena ihre Mutter, die vorgab, selber kein Geld, wohl aber noch Schulden bei der Löwenbrauerei zu haben, Lügen strafen. Sie gibt sogar den Tag an, nämlich den 20. Februar. Die Jahreszahl – es kann sich nur um 1907 gehandelt haben – paßt jedoch nicht in den zeitlichen Ablauf, und möglicherweise geben sich auch bei dieser Schilderung Dichtung und Wahrheit die Hand.

Nach Meinung der Mutter war ihrer Tochter Lena, die über eine respektable Mitgift verfügt und diese, wenn auch nicht durch eigene Schuld, verloren hatte, nicht mehr zu helfen. Nüchtern denkend sah sie, daß der wirtschaftliche Bankrott eine Tatsache war. Als angesehene Geschäftsfrau wollte sie damit auf keinen Fall in Verbindung gebracht werden. Daß sie jedoch nicht ganz so herzlos war, wie es bisweilen den Anschein hatte, beweist eine spätere Begebenheit nach dem Selbstmord von Lena Christ im Sommer 1920. Da erschien die Mutter in der Bauerstraße und wollte sich der beiden unglücklichen Mädchen annehmen. Benedix, der zweite Ehemann der Lena Christ, wies ihr die Tür.

Glaubhaft ist, daß die Schwiegereltern Leix nicht in der Lage waren, ihre Schwiegertochter finanziell zu unterstützen. Sie hatten, wovon Lena nichts wußte, ihrem Sohn mit einem höheren Betrag ausgeholfen, der ebenfalls verloren war. Aber sie kamen ihr dadurch entgegen, daß sie den achtjährigen Anton zu sich nahmen. So sehr sie im Augenblick froh sein mochte, bewirkte diese Trennung im Laufe der Jahre eine tiefgreifende Entfremdung. Der Bub, dem die Pfarrei St. Benno das Studium ermöglichte, und der am 14. Mai 1931 zum Dr. med. promoviert wurde, sollte keinerlei Verbindung mehr zu seiner Mutter haben. So wollten es die Schwiegereltern.

Das damals übliche und kostenlose Trockenwohnen eines Neubaus, in dem noch das Wasser von den Wänden lief, leitete die düsterste Leidensperiode ein. Lena Christ war in dieser Zeit eine Namenlose. Sie war polizeilich nicht gemeldet. Sie gehörte zu den gleich ihr gestrandeten Existenzen, die nicht wählerisch sein konnten, wenn es darum ging, das nackte Leben und das der Kinder zu fristen. In dieser Umwelt, wo sie mit den Menschen der untersten sozialen Schichten in Berührung kam, waren die Begriffe von Moral und Recht nichts weiter als Phrasen, deren sich die Bürger und die Behörden bedienten.

Noch muß sie fürchten, aus dem Labyrinth, das auch sie schließlich mit dem Gesetz in Konflikt bringt, nicht mehr herauszukommen; aus dieser Zeit stammen die Kenntnisse und Erfahrungen, die später im »Mathias Bichler« und vor allem in der »Rumplhanni« ihren deutlichen Niederschlag finden werden.

Ihren beiden Mädchen ist Lena eine gute Mutter. Die ältere von ihnen, die damals etwa sechsjährige Leni, erinnert sich noch dunkel an jene Zeit. Sie glaubt, daß die Neubauwohnung in Haidhausen gelegen gewesen sei: »Wenn ich nämlich in der Küche beim Balkonfenster stand, konnte ich Züge und viele Lichter der nahen Bahnanlage bewundern.« Ferner erinnert sie sich noch an Weihnachten. Inmitten eines großen leeren Zimmers stand ein Christbaum. Die Geschenke, eine Puppe und ein Matrosenkleidchen, hatte Großmutter Isaak geschickt.

Nach ihrem Lebensbericht versuchte Lena Christ in jenem Haus mit Schreibarbeiten das Nötigste zum Lebensunterhalt zu verdienen. Es gelang nicht. Entbehrungen und Kälte machten sie und ihre Kinder krank. In größter physischer und psychischer Not dachte sie an den Ausweg: »Oft war die Versuchung in mir aufgestiegen, dem Leben ein Ende zu machen; oft hatte ich am Abend den Hahn der Gasleitung zwischen den Fingern, doch die Hoffnung auf eine bessere Zukunft ließ mich das nicht vollbringen, was die Verzweiflung mir eingab.«

Schließlich schalteten sich die Behörden ein. Lena Christ wurde in ein Krankenhaus gebracht, die beiden Mädchen kamen in ein Moosburger Kloster. Damit enden ihre »Erinnerungen« und damit endet auch ein Lebensabschnitt.

Ein neuer Beginn

Unbekannt ist, was Lena Christ nach ihrer Entlassung aus dem Krankenhaus unternommen hat, um sich wieder eine Existenz zu schaffen. Einmal soll sie für kurze Zeit als Schreibkraft in einem Übersetzungsbüro gearbeitet haben. Die schöne Handschrift allein, denn über weitere Fähigkeiten verfügte sie nicht, reichte zur Lebenssicherung nicht aus. Unbekannt ist auch, wo sie während der Zeit, in der sie völlig mittellos war, wohnte und womit sie ihren Unterhalt bestritt.

Erst vom Beginn des Jahres 1911 an läßt sich ihr Weg wieder lückenlos verfolgen. Die entscheidenden Stationen ihres weiteren Lebens hat ihr zweiter Mann, Peter Jerusalem, der später seinen Namen in Peter Benedix änderte, in seinem Buch »Der Weg der Lena Christ« aufgezeichnet. Dieses 1940 im Adolf Luser Verlag in Wien und 1950 in einer geringfügig veränderten Neuauflage im Ludwig Baur Verlag, München, jeweils in einer Auflage von 5000 Exemplaren erschienene Werk ist längst vergriffen. Der genannte Münchner Verlag besteht nicht mehr.

Bei Peter Jerusalem, der damals in der Hohenzollernstraße 34 in Schwabing wohnte, begann Lena Christ im Spätwinter des Jahres 1911 ihre Tätigkeit als Diktatschreiberin. Jerusalem, der seinerzeit für den Wilhelm Langewiesche Verlag in Ebenhausen die Herausgabe der Reihe »Bücher der Rose« besorgte, leitete seinen Namen, den er nach 1933 in Benedix änderte, von Vorfahren ab, die an den Kreuzzügen ins Heilige Land, nach Jerusalem, teilgenommen hatten. Geboren war er am 19. Juli 1877 in Kassel. Nach dem Tode seines Vaters, Dr. phil. Traugott Ernst Jerusalem, der Redakteur gewesen war und zuletzt in Schreiberhau in Schlesien gelebt hatte, kam Peter Jerusalem 1901 als cand. phil. mit seiner Mutter Klara Alida geb. von Safft nach München, um hier weiter zu studieren. Schließlich begnügte er sich damit, sich Schriftsteller zu nennen. Dabei war er jedoch einsichtig genug, um zu erkennen, daß ihm die Begabung fehlte, Überdurchschnittliches zu lei-

Peter Jerusalem (Benedix) etwa 40 Jahre alt

sten. Außer einem mundartlich getönten Schattenspiel, das
nach seiner Darstellung im Jahre 1908 »ein paar hundert-
mal« im Münchner Ausstellungspark aufgeführt wurde,
hat er später den Roman des fahrenden Volkes »Auf der
Landstraße« geschrieben. Während dieses Buch den stattlichen Absatz von dreißigtausend Exemplaren erreichte,

kam der Roman »Der neugierige Engel«, eine moderne Legende von einem Engel, der in unserem Jahrhundert zur Erde zurückkehrt, über eine Auflage von fünftausend Stück nicht hinaus.

Peter Jerusalem war dreiunddreißig Jahre alt, als Lena Christ in sein Leben trat und ihm wenige Tage nach ihrem Arbeitsantritt die Geschichte ihres Lebens erzählte. Er war so beeindruckt von ihrer Darstellungskraft, daß er sie bewog, ihre Erinnerungen niederzuschreiben. Die Umsetzung vom Mündlichen ins Schriftliche fiel ihr zunächst nicht ganz leicht. So schulte er sie durch die Lektüre von Gottfried Kellers »Grünem Heinrich« und von Werken Jeremias Gotthelfs. Auch mit den Deutschen Volksbüchern machte er sie bekannt. Angeblich schrieb Peter Benedix den Anfang ihrer »Erinnerungen einer Überflüssigen« nach ihrem Diktat nieder. Es läßt sich nicht nachprüfen; denn gerade dieses Manuskript ist verschollen.

Lena Christ mag sofort gespürt haben, daß dieser Mann ihre Rettung war. Er gab ihr Arbeit, er baute auf ihre Erzählernatur und auf einen damit verbundenen Erfolg als Schriftstellerin – und er war frei wie sie. War sie noch vor einigen Tagen mit nicht viel mehr, als sie am Körper trug, auf der Suche nach Arbeit durch die winterliche Stadt geirrt, so hatte sie jetzt mehr erreicht, als sie in ihrer Vereinsamung zu hoffen gewagt hatte. Ihr Leben bekam wieder Inhalt und Sinn.

Es gilt als sicher, daß sie bald bei ihm wohnte, und daß beide, um Schwierigkeiten mit dem Vermieter zu vermeiden, gemeinsam vorübergehend nach Fürstenfeldbruck zogen. Die polizeiliche Abmeldung von Benedix erfolgte Anfang April 1911. In dem westlich der Stadt gelegenen Vorort hatte Benedix in einem Landhaus, das inmitten eines großen Gartens lag, eine Wohnung gemietet.

»Hier«, so schrieb Benedix, »entstand in gemeinsamer Arbeit die erste Hälfte der ›Erinnerungen einer Überflüssigen‹, und zwar bis zur Rückkehr der Erzählerin aus dem Kloster ins Elternhaus.« Dieses Zitat hat aber nur zum Teil seine Richtigkeit; denn kurz darauf berichtet Benedix, daß

Lena, die inzwischen ihre Niederschrift selbst besorgte, in
Fürstenfeldbruck nicht eine einzige Zeile geschrieben hatte.
Vielmehr entstand der wesentliche Teil auf einer der Anla-
genbänke vor der Neuen Pinakothek. Die Erklärung dafür,
warum sie in Fürstenfeldbruck nicht arbeiten konnte, findet
sich darin, daß sie sich vor dem Alleinsein ängstigte. Wenn
Benedix mit dem Sommeranfang mehrmals wöchentlich in
die Stadt mußte, wo er in der Türkenstraße privaten
Sprachunterricht erteilte, dann begleitete ihn Lena und
wartete schreibend auf ihn. Ungestört vom Getriebe eines
Spielplatzes und dem Lärm vorbeifahrender Straßenbahnen
und Fuhrwerke saß sie auf der Bank und schrieb auf, was sie
erfüllte. Dabei tauchte sie so tief in der Vergangenheit
unter, daß sie oft die Rückkehr von Benedix, der schon eine
Weile vor ihr gestanden war, nicht bemerkt hatte.

Der Essayist Josef Hofmiller, der sich ihres Werkes
annahm, erspürte das Phänomen ihrer Begabung, ohne daß
er die Autorin persönlich kennengelernt hatte. In einem
seiner Aufsätze über Lena Christ meinte er: »Nicht *sie*
schreibt, *es* schreibt.«

Benedix erkennt bald nicht nur ihre große schriftstellerische, ja dichterische »sinnliche Kraft«, sondern auch ihre
menschlichen Schwächen. Jene gewisse Art der Hysterie, in
der er ein Erbe ihrer Großmutter und Mutter sieht, ist
seinem Wesen fremd. Verständlich, daß es des Romans
wegen häufig zu Meinungsverschiedenheiten kommt, bei
denen Lena manchmal unbeherrscht reagiert. Einmal will
sie in einem jäh aufflammenden Vernichtungswillen das
Manuskript zerreißen und ins Feuer werfen. Benedix kann
es gerade noch rechtzeitig ihren Händen entwinden. Im
Verlaufe einer besonders heftigen Auseinandersetzung hält
man eine sofortige Trennung für das beste. Es kommt nicht
soweit. Das Werk, an dem jeder seinen Anteil hat, verbin-
det mehr, als es trennt, und gewiß mag auch Lena Christ in
besonnenen Augenblicken erkannt haben, was Benedix für
sie bedeutete.

Nach all dem, was neun Jahre später geschah, kann man
indessen daran zweifeln, ob Benedix diese Frau wirklich

geliebt hat. Man tut ihm aber sicherlich unrecht, wenn man in ihm nur den profitgierigen Manager sieht, der sie an die Kette legte und ausbeutete. Er war von einer puritanischen Genügsamkeit und lebte von der Hand in den Mund. Sich einer zunächst unbekannten und obendrein kranken Frau anzunehmen, war mehr als nur ein Verdienst. Die Erfolgsaussichten waren gering. Aber er vertraute auf sein Gefühl. So erklärt es sich, daß er im Erfolg der Lena Christ auch seinen Erfolg sah und daß er daraus das Recht für sich ableitete, am Gewinn teilzuhaben.

Immerhin ist anzunehmen – »Mußte man sie doch gern haben« –, daß er eine echte Zuneigung für Lena empfand. Wiederholt wird allerdings offenbar, daß diese Zuneigung in einem Zwiespalt befangen war. Benedix genoß den Reiz, ein Wesen zu besitzen, das er in einem gewissen Sinn geformt, ja geschaffen hatte. Er verfügte beispielsweise über soviel suggestive Kraft, daß er sie Dinge verrichten ließ, die er ihr zu tun in Hypnose aufgegeben hatte. Aber dann gab es den anderen Bereich ihres Wesens, zu dem er keinen Schlüssel und über den er keine Macht besaß. Er wußte, daß sie noch in mancher Hinsicht ein Kind war und daß man sie für das, was gewesen war und noch kommen würde, nicht voll verantwortlich machen konnte: »Sind doch Kinder gut und böse oder im letzten Sinn weder gut noch böse, ebensowenig wie die Natur gut oder böse ist.«

Man darf ihm auch glauben, daß er es nicht leicht mit ihr hatte: »Ich war ja auch nur ein Mensch, dazu nicht ohne Leidenschaft, und hatte auch Nerven.«

Die Jahre unter dem harten Regiment der Mutter, die unglückliche Ehe und die Zeit der Entbehrungen hatten Lena Christ gezeichnet. Körperlich, aber auch seelisch war sie besonders anfällig. Es kam, wie Benedix berichtet, bei ihr mitunter zu Sinnestäuschungen. Zum Beispiel sah sie ein Kind auf dem Dach eines gegenüberliegenden Hauses und litt unter der Vorstellung, daß es sich jeden Augenblick zu Tode stürzen könnte. Korfiz Holm, einer der leitenden Direktoren des Albert Langen Verlages, gibt ein Zeugnis ähnlicher Art. Einmal, als Lena Christ durch das Hoftor auf das Verlagsgebäude zuging, glaubte sie sich von einem großen Hund bedrängt. Der Schrecken über das soeben Erlebte stand ihr Minuten später noch im Gesicht geschrieben. In allen Einzelheiten schilderte sie, wie sich der Hund gebärdet und wie sie sich seiner erwehrt hatte. Einer der Herren, der zufällig mit Lena Christ gekommen war, versicherte aber, daß ihm kein Hund begegnet sei.

Benedix, der mehrere Semester Medizin studiert hatte, erkannte, daß derartige Erscheinungen von nervösen Erschöpfungszuständen herrührten. Die Vergangenheit war noch nicht bewältigt. Überdies sorgte sich Lena um ihre beiden Mädchen, die in der Fremde und ohne mütterliche Liebe heranwuchsen.

Es besteht kein Zweifel, daß Benedix allen Sorgen und Nöten der Frau ein überdurchschnittliches Maß an Verständnis entgegenbrachte und daß er es an tatkräftiger Hilfe nicht fehlen ließ.

Sie dankte es ihm auf ihre Weise. An einem schönen Herbsttag des Jahres 1911 fuhr sie mit ihm nach Glonn. Sie hatte das Bedürfnis, ihrem »Verlobten« die Welt ihrer glücklichen Kindheit zu zeigen. Auch das Hansschusterhaus, ihr Geburtshaus, besuchten sie, und Lena wunderte sich, wie arm und dürftig es war, gemessen am Glanz, mit dem sie es in ihrer Erinnerung bewahrt hatte.

Kurz vor dieser Fahrt nach Glonn hatten Benedix und Lena Christ ihr Fürstenfeldbrucker Domizil aufgegeben und waren wieder nach München zurückgekehrt. Benedix wohnte weiterhin in der Hohenzollernstraße, während er unter seinem Namen ein möbliertes Zimmer in der Kunigundenstraße 23 mietete, das für Lena Christ bestimmt war und das sie – offenbar wieder unter dem Namen ihres zukünftigen Gatten – am 2. Juli 1912 mit einem Zimmer in der Wagnerstraße 2 vertauschte. Ein Rätsel ist, warum sie für vier Tage, nämlich vom 28. bis 31. August noch einmal in der Kunigundenstraße 23 gemeldet war, doch stand dies wohl mit der Heirat und dem Umzug nach Gern im Zusammenhang.

Lena Christ um 1911

War schon das feuchte, von Amper und Moor beherrschte Klima Fürstenfeldbrucks Lenas Gesundheit abträglich, so zeigte sich der fortschreitende Herbst ihrer angegriffenen Lunge besonders feindlich. Professor Dr. Kerschensteiner, den sie bereits seit ihrem Aufenthalt im Städtischen Krankenhaus an der Nußbaumstraße kannte, und der jetzt Leiter des Schwabinger Krankenhauses war, nahm sich hier ihrer wieder an. In einem Krankensaal, der zeitweise von zwölf Patientinnen belegt war, beendete sie, im Bett sitzend und mit einem Bleistift schreibend, ihre »Erinnerungen«.

Es ist anzunehmen, daß ihr Benedix geraten hat, die Namen der Hauptbeteiligten zu verschlüsseln. Ein Modellbeispiel bildet die Verfremdung des Klosters Ursberg in Bärenberg (lateinisch ursus = der Bär). Lena Christ, die der lateinischen Sprache unkundig war, wäre sicherlich nicht auf diese Übersetzung gekommen. Wie wichtig diese Verschlüsselung war, sollte Lena Christ erst nach dem Erscheinen des Buches erfahren. Ihre Mutter, die sich in den »Erinnerungen einer Überflüssigen« erkennbar dargestellt glaubte, reichte gegen ihre Tochter Klage ein, die jedoch abgewiesen wurde.

Den Buchtitel »Erinnerungen einer Überflüssigen« hat Benedix vorgeschlagen. Auch als es darum ging, einen klangvollen und einprägsamen Künstlernamen für die Autorin zu finden, hat Benedix mitentschieden. Weder ihr Mädchenname Pichler, noch die Namen Leix und Jerusalem schienen geeignet. Aber da erinnerte man sich des verschollenen Vaters, der Christ geheißen hatte, und für Magdalena wählte man die gebräuchliche Kurzform.

Noch aber lag sie auf der Lungenstation des Schwabinger Krankenhauses und nützte diese Zeit, um zu schreiben. Und wieder, wie damals auf jener Bank vor der Neuen Pinakothek, versank die Welt rings um sie. Sie sah weder die Barmherzigen Schwestern mit ihren weißen Flügelhauben, die aus und ein gingen, noch nahm sie die Angehörigen der Kranken wahr, die während der Besuchszeiten den Raum füllten. Wenn sie schrieb, war sie in einer anderen Welt, in der ihr die bäuerlichen Ahnen über die Schulter schauten und gütige Geister ihr die Hand führten. Sie lernte das Gefühl einer besonderen Freiheit kennen, die sie für alles, was sie bisher in ihrem Leben hatte durchstehen müssen, reich entschädigte.

Benedix berichtet, daß kaum noch etwas in ihrem Manuskript zu ändern gewesen sei, »saß doch jetzt alles ... auf den ersten Anhieb«.

Im März 1912 war es dann so weit, daß er die erste Hälfte des mit der Schreibmaschine abgeschriebenen Manuskriptes dem Albert Langen Verlag vorlegen konnte. Eine befreundete Frau hatte Ludwig Thoma, der seit langem Autor des Verlages war, von diesem Vorhaben unterrichtet und ihn um Vermittlung gebeten. Tatsächlich hat er auch das Lektorat davon in Kenntnis gesetzt.

»Schaugts as euch amal an!«, soll er, wie Korfiz Holm später erzählte, gesagt haben. Das war alles, was er zu dem Erstlingswerk einer bisher völlig Unbekannten bemerkte. Benedix mußte es daher zutiefst treffen, als noch im Jahre 1930 publiziert wurde, Ludwig Thoma habe Lena Christ entdeckt. Josef Hofmiller, der dies in einem umfangreichen Beitrag im »Kunstwart« behauptet hatte, war Opfer einer falschen Information geworden. Ludwig Thoma trug daran keine Schuld. Erst mit dem Erscheinen des Buches »Der Weg der Lena Christ« erfuhr die Öffentlichkeit von der Rolle, die Benedix im Leben der bayrischen Dichterin gespielt hatte.

Im Jahre 1913 erschien bei Albert Langen das gemeinsam von Ludwig Thoma und Georg Queri herausgegebene »Bayernbuch«. Im Anhang dieser Anthologie, in der auch Lena Christ mit dem Kapitel »Die Klosternovizin« aus ihren »Erinnerungen« zu Wort kommt, wird nur darauf verwiesen, daß die Verfasserin auch in ihrem zweiten Buch, den »Lausdirndlgeschichten«, ihr Pseudonym nicht gelüftet habe. Wahrscheinlich aber handelte es sich dabei um einen ausdrücklichen Wunsch der Autorin, die darin einen Schachzug sah, dem von ihrer Mutter eingeleiteten gerichtlichen Verfahren zu begegnen. Diese biographische Notiz mag zu dem Fehlschluß verführen, Ludwig Thoma habe zu dieser Zeit von Lena Christ nicht viel gewußt. Ludwig Thoma kannte Lena Christ. Bereits vom 5. Februar 1913 existiert ein amüsantes Schreiben, in dem sie Thoma im Stil eines Filserbriefes auf einen Fehler in seinem Buch »Agricola« hinweist. Sie redet ihn mit »Lieber Freind!« an, und das läßt die Möglichkeit offen, daß er ihr kollegial zugetan war. Und noch etwas verrät diese kuriose Epistel, nämlich, daß sich Lena Christ in jenem Stadium befand, in dem es sie offenbar drängte, in die Fußstapfen des »Meisters« zu treten und ihn nachzuahmen.

Zweite Heirat

Im Juni 1912 fiel die Entscheidung des Albert Langen Verlages. Er hatte die »Erinnerungen« angenommen, und, was von großer Bedeutung war: die erste Auflage wurde auch gleich honoriert. Diese Entscheidung zog eine andere nach sich; jetzt konnte für die Hochzeit gerüstet werden.

Für die Lebenseinstellung von Peter Benedix ist es bezeichnend, daß er nicht daran dachte, allein die finanziellen Voraussetzungen für eine Ehe zu schaffen. Er überließ das zu einem guten Teil seiner Frau. Das war auch bei seiner zweiten Ehe, die er vier Jahre nach Lena Christs Tod, am 10. November 1924, mit der 1895 in Schachen bei Lindau geborenen Wyla Kraus (genannt Sascha), einer Musiklehrerin, einging, nicht viel anders. Benedix, der äußerst genügsam war und in jedem Beruf, der seine persönliche Freiheit einengte, Sklavendienst sah, hätte sonst wohl kaum geheiratet.

Bei Lena Christ kam hinzu, daß sie aus begreiflichen Gründen wieder eine gesellschaftliche Sicherheit anstrebte. Daneben wollte sie, wenn sie schon auf den Erstgeborenen verzichten mußte, ihre beiden Mädchen wieder bei sich haben. Verständlich, daß ihr eine baldige Hochzeit am Herzen lag.

So traf man gemeinsam die Vorbereitungen. Während ihrer ersten Ehe war alles, was sie an Geld und Gut besessen hatte, verlorengegangen. Auch das Mobiliar war gepfändet und versteigert worden. Aber das hatte sie in jenem Augenblick, als sie mit Benedix bei einem Tandler für wenig Geld einen heruntergekommenen alten Bauernschrank und eine nicht viel bessere Kommode erstand, längst überwunden. Der Wunsch, ein Zimmer als Bauernstube einzurichten, konnte nur von Lena stammen. Das war etwas, worin sie sich auskannte.

Von der ursprünglichen Bemalung war nichts mehr vorhanden, aber nachdem Benedix die Flächen enzianblau gestrichen hatte, malte Lena Blumensträuße auf die Türfüllungen. Sie sind, nach Art alter Bauernmalereien, rührend in ihrer herzlichen Einfachheit. Beide Möbelstücke befinden sich heute im Besitz von Lena Christs ältester Tochter.

Am 28. August 1912, einem strahlend schönen Hochsommertag, heirateten Lena Christ und Peter Benedix – er unterschrieb damals noch als Peter Jerusalem – im Standesamt am Petersbergl, im Herzen Münchens. Im Unterschied zur ersten Ehe gab es kein kostbares weißes Brautkleid, und mit der »Scheesn« wurde auch nicht gefahren. Dafür war es, dem Beginn des motorisierten Zeitalters entsprechend, schon ein Auto, mit dem man anschließend noch mit den beiden Trauzeugen zum Hochzeitsmahl in die Torggelstube am Platzl fuhr. Benedix bemerkt in seinem Buch nicht ohne Stolz, daß er ein Menü mit vier Gängen bestellt hatte: »Das gute, reichliche, uns allen nicht alltägliche Mahl schuf unter Mitwirkung eines vortrefflichen Pfälzer Tropfens eine fröhliche Stimmung, so daß mancher der Vorübergehenden uns, die wir ganz vorn und wie in einem Schaufenster saßen, bemerkte und, seinen Schritt hemmend, uns zulächelte.«

Die »Hochzeitsreise« wurde gleich nach dem Essen mit der Straßenbahn angetreten. Man fuhr hinaus nach Gern, um die dort vom 1. September an gemietete Wohnung in der Wilhelm-Düll-Straße 5 zu besichtigen und ihre Einrichtung zu beraten.

Unterwegs, als sie mit der Trambahn durch die Karlstraße fuhren, erinnerte sich Lena plötzlich an eine Episode, die Jahre zurücklag. Es war in der Zeit ihrer ersten unglücklichen Ehe, als sie eines Tages zu einem alten Weiberl, einer Kartenschlägerin, in den vierten Stock eines alten Mietshauses hinaufstieg, um sich die Zukunft weissagen zu lassen. Lena Christ soll dieses Erlebnis wie folgt wiedergegeben haben: »Ich werd von mei'm ersten Mann getrennt und ein'n zweiten findn. Durch den werd i so berühmt, daß

Das Haus in der Wilhelm-Düll-Straße in Gern

mi Könige empfangen, aber mit achtadreißg Jahr werd i sterbn!«

Der letzte Teil dieser Prophezeiung machte aber in der gelösten Stimmung des Hochzeitstages weder auf Lena noch auf Peter einen Eindruck. Man dachte an das Gegenwärtige und Näherliegende. Dazu gehörte das Erscheinen des Erstlingswerkes der jungen Autorin.

Die »Erinnerungen« erscheinen

Anfang September 1912 – man hatte sich eben in der neuen Wohnung in Gern eingerichtet – lagen dann die »Erinnerungen einer Überflüssigen« in Buchform vor. »Ein Tag der Freude und des Ärgers zugleich«, so schreibt Benedix.

»Auf Seite 153 der ersten Auflage berichtet die Verfasserin von einem jungen Mädchen, das an galoppierender Schwindsucht starb, und erzählt dann weiter: ›Dieser Krankheit erlagen übrigens gar viele Nonnen und Jungfrauen, und auch zahlreiche Pfleglinge wurden davon ergriffen. Die meisten Opfer standen im Alter zwischen zwanzig bis dreißig Jahren; manche waren noch jünger. Es wurde ein eigener, großer Fleck Landes von dem Superior angekauft und in einen Friedhof verwandelt, in dem die Kreuzlein bald so dicht standen wie die Nonnen sonntags in den Kirchenstühlen.‹«

So hieß es nach dem Manuskript. Aber einem Verlagsangestellten genügte das nicht. Er setzte hinter das Wort »Kirchenstühlen« noch ein Wort, nämlich »saßen«. Er wußte offenbar nicht, daß die Nonnen nur standen oder knieten, aber nicht saßen.

Benedix schreibt, daß er »gelinde gesagt, Feuer spie«, und daß er »den Kerl mit seiner pedantischen ledernen Änderung auf der Stelle hätte zerreißen können«.

Vielleicht mutet seine Aufregung reichlich übertrieben an; denn auch ihm könnte einiges zur Last gelegt werden, wenn man bedenkt, daß er als Entdecker sich das Recht nahm, seinen Einfluß auszuüben. Wörtlich schreibt er: »Über manchen Satz haben wir bisweilen stundenlang nachgedacht, um ihm die endgültige Fassung zu geben.« Benedix behauptet zwar, daß dabei keine ursprüngliche Äußerung oder Satzwendung der Erzählerin von ihm angetastet worden sei. Aber ist diese Behauptung angesichts des »stundenlangen« Ringens um eine Formulierung guten Gewissens aufrechtzuhalten? Ist es nicht vielmehr so, daß manche sehr gedrechselt wirkenden Schachtelsätze, die dem Fluß einer natürlichen Erzählung zuwiderlaufen, allzu

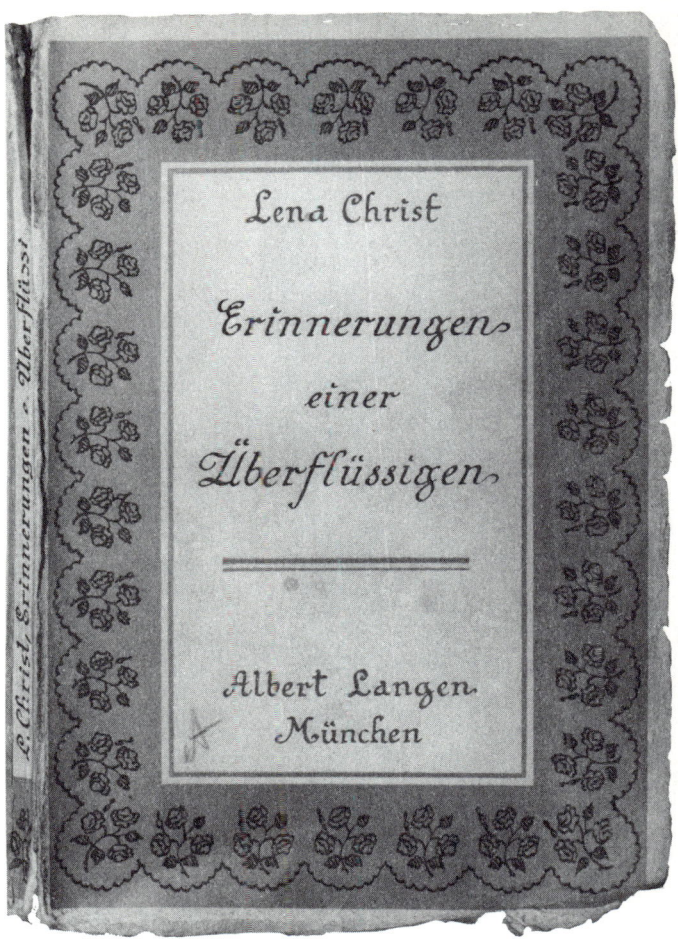

sehr an verschiedene Passagen seines Buches über Lena
Christ erinnern? Hinter mancher trockenen Formulierung
glaubt man Benedix selber zu erkennen. So zum Beispiel,
wenn in den »Erinnerungen« vom Kloster die Rede ist und
man den schon früher zitierten Absatz unter die Lupe
nimmt: »Bigotterie paarte sich mit Stolz, Selbstsucht mit
dem Ehrgeiz, vor den Oberen schön dazustehen und als
angehende Heilige bewundert zu werden.«

Lena Christ hatte wohl manchmal eine andere Vorstellung, etwas auszudrücken. Warum wäre es auch sonst zwischen der Autorin und ihrem Berater zu »lebhaften Meinungsverschiedenheiten« gekommen? War sie überhaupt nach der zermürbenden Arbeit des stilistischen Feilens noch fähig, zu unterscheiden, welche Fassung von ihr stammte oder wieweit sie sich dem Einfluß von Benedix gebeugt hatte?

Zum Glück aber sind derartige Abweichungen so verschwindend gering, daß sie gegenüber dem, was echt ist, nicht ins Gewicht fallen.

Bekanntlich blieb der erhoffte und so dringend nötige wirtschaftliche Erfolg aus. Aber die Kritiker und Kenner horchten auf. Der bereits genannte Josef Hofmiller, einer der bedeutendsten Rezensenten seiner Zeit, schrieb in den »Süddeutschen Monatsheften«:

»Es gibt Bücher, deren Wert als Beitrag zur Sittengeschichte so überragend ist, daß davor die Frage nach künstlerischen Eigenschaften zunächst ganz zurücktritt. Lena Christs ›Erinnerungen einer Überflüssigen‹ ist ein solches Buch. Es ist wahrhaftig Neuland, in das die Verfasserin führt; man lernt Lebensweisen kennen, von denen man keine Ahnung hatte: das Idyll des kleinen Halbbauern, dessen Frau städtische Kostkinder aufzieht; die Lebenshaltung des Münchner Vorstadtwirtschaftspächters; allerlei Kehrseiten eines Frauenklosters; das typische Schicksal der Pächterstochter und eine, wie es scheint, ziemlich typische Ehe in Kreisen untersten Bürgertums. Die Einfachheit der Erzählung hat etwas unmittelbar Überzeugendes; man schenkt der Verfasserin sofort Zutrauen, so scharf, fest, hart und stimmungslos steht alles da. Wir kannten jenen Frauennaturalismus mit seinen Derbheiten aus älteren Werken der Croissant-Rust und der Rosmer. Hier ist mehr. Man hat das Gefühl, als seien Schichten, die bis jetzt fast nur schablonenhaft, pseudohumoristisch, verlogen gemalt wurden, hier unerbittlich geschildert, und dabei, was die Hauptsache ist, ohne jede Absicht, unerbittlich zu sein, sondern bloß mit der Absicht, zu erzählen.«

Die »Erinnerungen« sind von einer inhaltlichen Fülle

ohnegleichen. Eine andere Autorin hätte damit mühelos tausend Buchseiten gefüllt. Lena Christ begnügt sich, betrachtet man die Erstausgabe, mit dreihundert Seiten eines kleinen Formats.

Sie erzählt, sie berichtet. Sie verzichtet auf jede Stellungnahme, enthebt sich jeden Urteils. Sie vermeidet, so scheint es, jede bewußte Beeinflussung des Lesers. Wo es um entscheidende oder erschütternde Begebenheiten geht,

Lena Christ etwa 30 Jahre alt

wird sie besonders sachlich. Der Leser soll sich selber ein
Bild machen, soll selber urteilen. Dabei wird er unwillkür-
lich Partei. Er identifiziert sich mit dem Kind, mit dem
Mädchen, mit der Frau. Die ersten Glonner Jahre ausgenommen, erlebt er alles wie unter dem Schleier einer
novembergrauen Trübnis.

Lena Christ erklärt nicht lange. Sie läßt die Menschen, ob
es sich um ihren Großvater, den alten Hausl, den Stiefvater
oder ob es sich um ihre Mutter handelt, oft nur einen
einzigen Satz sprechen, der aber alles aussagt, was den
einzelnen bewegt. Mit knappen Strichen umreißt sie, was
andere in behäbiger Breite abhandeln würden.

Trotz aller literarischen Vorzüge ihrer »Erinnerungen«
dauerte es aber viele Jahre, bis die erste kleine Auflage
verkauft war. An eine Neuauflage war angesichts des Miß-
erfolges lange nicht zu denken.

Die Lausdirndlgeschichten

Dem wirtschaftlichen Fehlschlag der »Erinnerungen«
folgte ein literarischer Mißerfolg. Stein vielfachen Ansto-
ßes waren die 1913 im Martin Mörike Verlag, München,
erschienenen »Lausdirndlgeschichten«, zu denen Lena
Christ als Einbandzeichnung auch den bezopften Mädchen-
kopf entworfen hatte.

Über diesem flüchtig und eilig verfaßten Band, in dem
ihre glückliche Glonner Kindheit allzu drastische Urständ
feiert und in dem sich dann viele Glonner zur Freude der
einen und zum Ärger der anderen verewigt sahen, stand
von Anfang an ein Unstern. Der Albert Langen Verlag
hatte das Manuskript seiner geringen literarischen Qualität
wegen abgelehnt. Ludwig Thoma sah in den »Lausdirndlgeschichten« eine plumpe Nachahmung seiner »Lausbubengeschichten« und reagierte dementsprechend. Josef
Hofmiller, der über ihr Erstlingswerk begeisterte Besprechungen verfaßt hatte, verlor zumindest vorübergehend
jedes Interesse an der Autorin, und schließlich brachten die

Lena Christ

Lausdirndl-
geschichten

Martin Mörikes Verlag
~ München ~

»Lausdirndlgeschichten« auch dem Mörikes Verlag kein
Glück. Er verschwand aus der Reihe der Münchner Ver-
lage. Trotzdem oder vielleicht gerade deshalb zählt dieses
Bändchen heute zu den antiquarischen Raritäten. Schließlich waren die »Lausdirndlgeschichten« aber auch noch an
einem Trugschluß schuld. Josef Nadler behauptet in seiner
»Literaturgeschichte des deutschen Volkes«, Lena Christ
habe sich an Ludwig Thoma geschult. Das ist ein Irrtum.

Als Lena Christ ihre »Erinnerungen« schrieb, waren ihr die Werke von Ludwig Thoma unbekannt. Die »Lausbubengeschichten« lernte sie erst nachher im Kreise einer Gesellschaft kennen, wo einige Kapitel vorgelesen wurden. Benedix ist ehrlich genug, die »Entgleisung«, an der er sich mitschuldig fühlt, einzugestehen. Er macht freilich auch die wirtschaftliche Misere mitverantwortlich. Seiner Schilderung nach waren an dieser finanziellen Krise nicht allein die spärlichen Einkünfte, sondern auch Lenas Sammelleidenschaft schuld, von der er sich hatte anstecken lassen. Die Auer Dult auf dem Maria-Hilf-Platz mit ihren schon damals verführerischen Tandlerständen waren der eine, die Wohnung in der Wilhelm-Düll-Straße, die langsam unter den herbeigetragenen alten Krügeln, Bildern und Büchern, den Wachsstöcken und Riegelhauben zum Museum wurde, war der andere Pol. Doch lebte man der leidigen Geldknappheit zum Trotz vergnügt und zuversichtlich in den Tag hinein.

Benedix scheint in dieser Zeit doch die Hauptlast der Haushaltsführung getragen und seiner Frau die Voraussetzung für ihre weitere schriftstellerische Entfaltung geschaffen zu haben. Die Einkünfte, die er als Privatlehrer bezog – er unterrichtete eine Tochter des Verlegers Wilhelm Langewiesche –, verbunden mit den Herausgeberhonoraren, reichten sogar so weit, daß er ein Hausmädchen einstellen konnte. Denn seit Oktober 1912 war man eine richtige Familie. Lenas Wunsch, ihre beiden Mädchen wieder bei sich zu haben, war in Erfüllung gegangen.

Wenn Benedix schreibt, daß auch er Kinder gern hatte, so stimmt das. Er nahm sich der Erziehung der beiden Mädchen an, er kümmerte sich um ihre Hausaufgaben und war immer bestrebt, ihren geistigen Horizont zu erweitern. Während Lena Christ ihren Kindern gegenüber häufig ungeduldig und impulsiv reagierte, zeigte sich Benedix besonnen und nachsichtig.

Leni, ihre damals fast neunjährige älteste Tochter, erinnert sich noch heute an die sehnlichst erwartete Heimkunft in die Gerner Wohnung und an ein heftiges Unwetter:

»... die Vorderfront des Hauses war von unten bis unters
Dach mit wildem Wein bewachsen, der damals im Oktober
bei meiner Heimkehr aus dem Kloster in Moosburg in den
feurigsten Farben leuchtete. In dieser Wohnung erlebte ich
ein furchtbares Erdbeben mit nachfolgendem Gewitter.
Unheimlich, wie die Blitze zur Erde fuhren, wie es krachte
und die Finsternis um uns war. Alles glich einem Weltun-
tergang. Von unserer buntbemalten Bauernkommode im
Kinderzimmer rutschten Zinnleuchter und Glaskrügl. Kein
Fenster blieb ganz. Wir Kinder, auch unser Dackl, der
Lumpi, krochen angstvoll ins Bett der Mutter, die selbst
vollkommen verstört war, unter die Zudecke und beteten
das Vaterunser in dem Glauben, unser letztes Stündlein
hätte geschlagen. Mein Stiefvater Benedix und das Mädchen, die Theres, waren während der ganzen Zeit mit
Eimer und Lumpen unterwegs, Hagelkörner und Wasser-
lachen zu beseitigen. Tags darauf konnte weder das Milch-
wagerl noch die Postkutsche durch die taubeneigroßen
Hagelkörner, die fast einen halben Meter hoch auf der
Straße lagen, fahren.«

Mathias Bichler

Mit der Heimkehr ihrer Kinder hatte für Lena Christ
wieder eine frohe und harmonische Zeit begonnen. Sie
spürte festen Boden unter sich. Schaffenskraft und Lebens-
freude erfüllten sie. Und mächtig wurden die Erinnerungen
an ihre bäuerliche Glonner Kindheit. Aus dieser Quelle
schöpfte sie ihr neues Werk.

Eines Tages im März des Jahres 1913 überraschte sie
Peter Benedix mit dem Anfang eines neuen Romans, den
sie auf die Seiten eines alten Kontobuches geschrieben
hatte. Sie nannte ihn »Mathias Klamm«. Später, vor der
Niederschrift des zweiten Teils, wurde der Name in
»Mathias Bichler« geändert. Mit dieser nur unbedeutenden
Abwandlung des Familiennamens wollte sie an ihren Großvater erinnern und ihren Dank mit seinem Namen weiter-
klingen lassen.

Lena Christ
Mathias Bichler
Roman

Albert Langen, Verlag, München

Der Roman beginnt im bayrischen Oberland in der Nähe des Wendelsteins, und zwar auf der Schwelle vom 18. zum 19. Jahrhundert. Und auch diesmal hatte Lena wieder die Unterstützung ihres Mannes. Benedix holte aus der Bayerischen Staatsbibliothek herbei, was für ein solides historisches Fundament nötig war. Vom Brauchtum über Trachten bis hin zu den Strophen des alten Weihnachtsliedes im letzten Kapitel mußte alles seine Richtigkeit haben.

Lena Christ bediente sich dabei, wie Adelheid von Gugel

in ihrer Dissertation feststellt, vor allem des 1860 in München erschienenen ersten Bandes »Bavaria, Landes- und Volkskunde des Königreiches Bayern«.

Die Handlung des »Mathias Bichler« ist schnell skizziert. Ein Findelkind, das bei seiner Kostmutter auf dem Land aufwächst und sich in die Jungfer Kathrein aus dem Waldhaus verliebt, kommt nach allerlei Abenteuern in die Stadt und wird ein berühmter Herrgottschnitzer. Nach Jahrzehnten kehrt er zu seiner Jugendliebe zurück, die geheiratet hatte und Witib geworden war. Beide beschließen, den Lebensabend gemeinsam auf ihrem Hof zu Füßen der Berge in ihrer heimatlichen Welt zu verbringen. Aber als das Glück in der Heiligen Nacht am nächsten scheint, stirbt die Kathrein nach einem Blutsturz in seinen Armen. Voll Schmerz zieht Meister Mathias wieder in die Stadt, um Trost im Schaffen zu finden und einsam sein Leben zu beschließen.

Noch steckte das Werk in den Kinderschuhen. Lena Christ drängte es, an Ort und Stelle Landschaftsstudien zu machen. Das war ein guter Grund, wieder einmal zum Schliersee zu fahren. An einem strahlenden Maitag des Jahres 1913 wanderte sie mit ihrem Mann auf altvertrauten Wegen – bei Wallfahrten und einem Kuraufenthalt hatte sie diese Gegend liebgewonnen – nach Aurach, Fischbachau und zum Wallfahrtskirchlein Birkenstein. Unterwegs begegneten sie einem bildermalenden Sonderling, der in einer windschiefen Bretterhütte hauste und der als Bildermacher Thomas Beham im »Mathias Bichler« weiterlebt.

Ein paar Monate später, im Juli, als sie mit ihren Kindern etliche Ferientage in Glonn verbrachte, erhielt sie durch Zufall eine weitere Anregung. Sie entdeckte eine von dem in Glonn geborenen Geistlichen Johann Baptist Niedermair veröffentlichte kulturgeschichtliche Abhandlung »Glonn und Umgebung in Vergangenheit und Gegenwart, nach Quellenforschungen«. Aus diesem Werk stammen beispielsweise einige Hausnamen, aber auch Sitten und Bräuche und nicht zuletzt das herumziehende »Tiroler Katherl«, dem freilich im Buch nur eine Nebenrolle zugedacht werden konnte.

»Den elften Februar 1914, vormittags halb zehn Uhr, beendet im Bett«, vermerkte die Autorin auf der letzten Manuskriptseite.

Benedix erklärt dazu: »Doch ist nicht nur der Schluß im Bett geschrieben worden, sondern, die allerersten Seiten ausgenommen, das ganze Buch. Darum schrieb sie alles mit Bleistift, denn mit geringen Ausnahmen ist, was vom Jahre 1913 an entstand, auf besagter Liegestatt verfaßt worden.«

Abgesehen davon, daß sie wie ihre bäuerlichen Ahnen ein Morgenmensch war und für ihre Arbeit die Morgen-

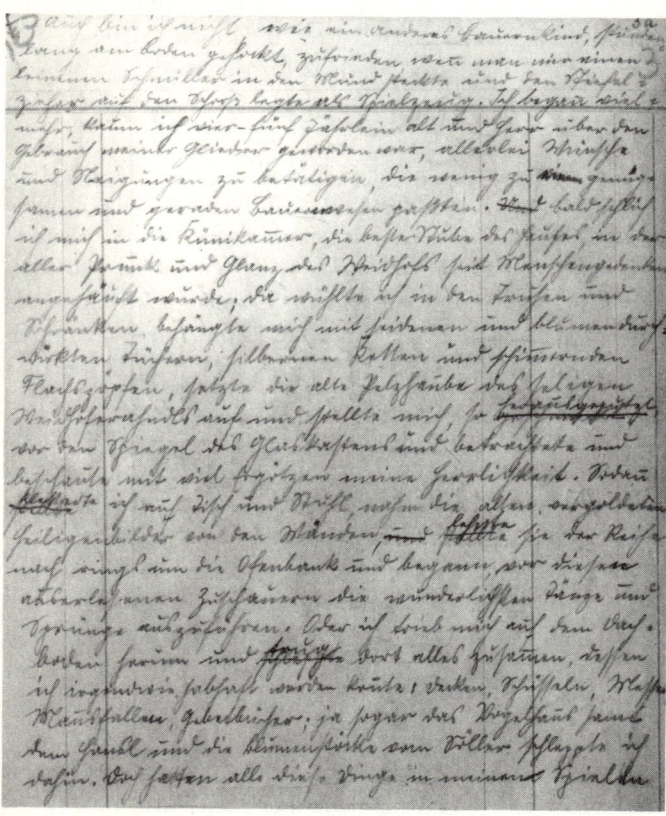

Manuskriptseite aus »Mathias Bichler«

stunden nützte, in denen sie, weil die Kinder in der Schule waren, am meisten Ruhe hatte, fühlte sie sich im Bett geborgen und sicher. Und noch etwas kam hinzu: War sie es auch bereits von ihrem Schwabinger Krankenhausaufenthalt her gewöhnt, im Bett zu schreiben, so bestand hier, in der Wilhelm-Düll-Straße 5, in der kalten Jahreszeit geradezu eine Notwendigkeit, dies zu tun. Die Mansardenwohnung war nämlich im Winter so kalt, daß die kleinen eisernen Öfen nicht ausreichten, die Zimmer richtig zu erwärmen. Nur ein Berg von Kissen und Zudecken vermochte jene heimelig-warme Atmosphäre zu schaffen, die Lena Christ zum Schreiben brauchte.

Wie die »Erinnerungen«, so wurde auch der »Mathias Bichler« schon bei der Ablieferung des Manuskripts honoriert. Das mochte der eigentliche Anlaß gewesen sein, eine komfortablere Wohnung zu mieten. Man zog am 1. April 1914 in die Pilarstraße 2, im nahen Nymphenburg, um.

Die Münchner Vororte Nymphenburg und Gern waren damals noch nicht so nahtlos zusammengewachsen wie heute. Zwischen den beiden Ortschaften erstreckten sich noch weite Wiesen und Felder, die dem großen Gerner Ballaufbauern gehörten. Lediglich die Nördliche Auffahrtsallee mit ihren hundertjährigen Linden verband, zum Nymphenburger Schloß führend, Gern mit Nymphenburg. Und hier, unweit der Allee und des Kanals, befand und befindet sich noch heute das zweistöckige Mietshaus, in dem Lena Christ mit ihrer Familie bis zum Herbst 1916 wohnte.

Hier erlebte sie das Erscheinen des »Mathias Bichler«. Dieses im Mai 1914 der Öffentlichkeit vorgestellte neue Buch der Autorin wurde zunächst vom Publikum noch weniger beachtet als die »Erinnerungen«. Erstaunlich, daß gerade ein Elsässer, nämlich der Schriftsteller Arthur Babilotte, im »Literarischen Echo« die überzeugendste und begeistertste Besprechung brachte:

»Im ›Mathias Bichler‹ haben wir endlich wieder einmal einen wundervoll lebensechten Abenteurerroman im besten Sinne. Da ist alles echte Natur, eine bayerische

Pilarstraße 2 in München-Nymphenburg

Vollsaftigkeit, die Ludwig Thomas Bücher weit hinter sich
läßt. Vor allem, weil hier nicht die Absicht vorschaut, die
bayerische Eigenart aufdringlich herauszuheben, sondern
alles natürlich und selbstverständlich geschieht und ausge-
fochten wird. Und noch eins: Es ist keine Satire, die sich
prahlerisch vordrängt! Es ist einfach *Leben.* Das einfältige,
kleine Schicksal des unehelichen Kindes, das mit seiner
naiv-seligen Weltfreude in mancherlei seltsame Lagen und
Erlebnisse gerät. Gleich zu Anfang diese wundervoll zarte,
keusche Liebesgeschichte zwischen dem kleinen Mathiasle

und der fünfzehnjährigen Kathrein, die bei ihrer Pflegemutter, der ›Waldhex‹, im Waldhaus wohnt. Kühn in ihrem Aufbau, kühner noch in ihren Details, verrät diese Episode ein durch und durch geläutertes Kunstempfinden und eine hohe Lebensauffassung. Und dann diese prächtigen Bilder aus dem bayerischen Dörflerleben zu Anfang des 19. Jahrhunderts! ...«

Auch »Mathias Bichler« verschwand, nachdem die ersten Auflagen schleppend abgesetzt worden waren, aus dem Katalog des Albert Langen Verlages.

Wie damals unter Künstlern üblich und nach dem bayrischen Motto: »nur der Not keinen Schwung lassen«, führte Lena Christ ein gastfreundliches Haus, in dem viele interessante Leute ein- und ausgingen. Mit dem Umzug in die repräsentativere Nymphenburger Wohnung in der Pilarstraße begann für die Autorin eine Zeit fruchtbarer gesellschaftlicher Begegnungen. Zum Freundes- und Bekanntenkreis der Familie zählten neben Ludwig Thoma, Hans Ludwig Held, Baron von Hügel, den Kunstmalern Baldauf und Gerhard Winkler, dem Verleger Wilhelm Langewiesche auch der Leiter des Albert Langen Verlages, Korfiz Holm, und dessen Frau. War auch Lena Christ dem nüchternen Baltendeutschen, der selbst viele Bücher, darunter die heiteren Erlebnisse eines Verlegers »ich – kleingeschrieben«, verfaßt hatte, bisweilen in ihren Reaktionen zu phantastisch, so war es doch ein sehr herzlicher, ja freundschaftlicher Kontakt, der beide Familien miteinander verband.

Von vergnügten Stunden zeugen manche Widmungen, die Korfiz Holm in seine Bücher schrieb:

»Wann Leni's Mund vom Boarisch schäumt
O je, schon ist der Zug versäumt!«

oder:

»Die Freundschaft dauert ewig fort
Mit Leni, wo die Bücher schnorrt. «

Auch ein weiteres kleines Buchgeschenk, das Korfiz Holm einmal der Hausherrin brachte, hat die Jahrzehnte unversehrt überdauert. Es handelt sich um den heute längst vergessenen Roman ›Herz ist Trumpf«. Als Widmung schrieb er einen Satz hinein, der den lustigen Ton zwischen dem Verleger und der Dichterin vergegenwärtigt: »Hoffentlich ist dies der Leni net z'weni.« Als Datum setzte er den 8. 11. 14 darunter. Zuwenig war das der Leni wohl nicht, wenn sie bedachte, was Korfiz Holm schon für sie getan hatte.

Monate zuvor, als der Sommeraufenthalt auf dem Land, in Lindach, vor der Tür stand, kredenzte Lena Christ dem Ehepaar Holm einen Gansbraten und eine Bowle. Weil aber der Kauf des wohlgemästeten Federviehs den Geldbeutel vorzeitig schwindsüchtig gemacht hatte, zum andern aber ein Bowlengefäß angeschafft werden mußte, half sich die Gastgeberin auf gleichermaßen künstlerhafte wie künstlerische Weise. Sie kaufte einen billigen irdenen Topf und malte mit Ölfarbe eine Fronleichnamsprozession mit Ministranten, dem Pfarrer, der Dorfgemeinde und zu guter Letzt einen Bauern, der hinter einer Sau herlief, darauf.

Kriegsbeginn und »Unsere Bayern anno 14«

Zu Beginn der Ferien, im Juli 1914, ging die Familie in die Sommerfrische. Ziel war der Weiler Lindach, der einige Kilometer südwestlich von Glonn liegt. Beim Wimmerbauern hatte man im ersten Stock zwei Zimmer gemietet. Die »Stadterer«, denen sich Lena Christ nur bedingt zugehörig fühlte, kamen gerade zur Ernte recht, und gleich war die Hansschusterleni wieder in ihrem Element. Gern vertauschte sie, wenn es nottat, den Schreibstift gegen den Rechen und die Heugabel. Bei einem späteren Lindacher Aufenthalt, als während eines Gewitters im Sommer 1915 der Hof »beim Franz« in Kastenseeon durch einen Blitzschlag in Brand geriet, zeigte sie ihr Organisationstalent. Alte Glonner erinnern sich noch heute mit größter Hochachtung, wie sie aus einem Haufen aufgeregt und verstört durcheinanderlaufender Menschen und der unausbleiblichen Schar neugieriger Gaffer durch knappe, vernünftige Anweisungen eine Gemeinschaft zusammenstellte, die rettete, was noch zu retten war. Der spätere Glonner Lehrer, Wolfgang Koller, der als Bub dabei war, hat dieses Ereignis zeitlebens nicht vergessen. Ein paar Szenen sind ihm besonders deutlich in der Erinnerung geblieben: Lena Christ, die mit der gefüllten Schmarrnpfanne für das Abendessen aus dem brennenden Haus kam, während der unpraktische Peter Jerusalem mit einer Leiter zum ersten Stock stieg und die Fenster aushing, um diese zu »retten«. Mag Lena über diese Hilfeleistung im stillen gelächelt haben, so entging es ihrem wachen Blick auch nicht, daß sich einer in höchst eigennütziger Weise betätigen wollte. Wie sie einst in der elterlichen Wirtschaft mit Streithansln und Betrunkenen fertiggeworden war, so kaufte sie auch diesem Dieb die Schneid ab. Am Ende war er froh, daß er sich, ehe er Schlimmerem überantwortet wurde, aus dem Staub machen konnte.

Der im Juli 1914 erwartungsvoll begonnene Landaufenthalt wurde aber bald von einem Ereignis überschattet, das die halbe Welt in eine Katastrophe stürzen und letztlich auch Lena Christ zum Verhängnis werden sollte: Der Erste Weltkrieg brach aus.

Als Lena Christ die vielen Eindrücke bei der Mobilmachung im August 1914 in sich aufnahm, als sie den Begeisterungstaumel über den Kriegsausbruch, die blumengeschmückt einrückenden Reservisten, die Angst vor Spionen, aber auch den Abschiedsschmerz und die Bangnis der Frauen und Mütter vor dem unwägbaren Kommenden miterlebte, wußte sie noch nicht, daß all dies den Stoff für ihre nächsten Arbeiten geben würde.

Und wieder war Benedix entscheidend daran beteiligt. Auf einer der Fahrten von Glonn nach München kam ihm die Idee, daß man dieses vielfältige Geschehen des großen Aufbruchs in den Krieg in einzelnen Skizzen festhalten und damit einen großen Leserkreis ansprechen könne.

Mit einem Feuereifer ohnegleichen machte sich Lena Christ an die Niederschrift. Die meisten dieser Geschichten, so scheint es, waren fertig in ihrem Gedächtnis, sie warteten nur auf Abruf. Es traf sich, daß der Verlag Albert

Langen ohnedies eine Buchreihe dieser Art plante. Und diesmal war Lena Christ dank der rechtzeitigen Anregung ihres Mannes Ludwig Thoma mit seinem Büchlein »Der erste August« um einige Nasenlängen voraus. Als allererstes Bändchen, zu dem der bekannte Simplicissimuszeichner Eduard Thöny die Einbandzeichnung beisteuerte, erschien kurz vor Weihnachten 1914 in der Reihe von Langens Kriegsbüchern »Unsere Bayern anno 14«. Und

dieses Bändchen wurde der erste durchschlagende Erfolg
der Autorin. Begeistert griffen Tausende danach. Drei
Auflagen waren schnell verkauft, und so lag nichts näher,
als in den beiden darauffolgenden Jahren noch je ein Fort-
setzungsbändchen in der gleichen Buchreihe anzuhängen.

Der damit verbundene wirtschaftliche Erfolg war dringend nötig. Die Geldquellen, über die Benedix bisher
verfügt hatte, waren bei Kriegsbeginn versiegt. »Darum
hatten wir schon die letzte Zeit in Lindach meist von den
Früchten des Waldes, Beeren und Schwammerln, gelebt«,
notierte er.

Wie kaum anders zu erwarten, ließen es die Kritiker an
Zustimmung und Lob nicht fehlen. Die »Hamburger
Nachrichten« urteilten über das erste Bändchen:

»... Die Szenen Lena Christs atmen eine Unmittelbar-
keit, die den Leser in das Erlebnis sozusagen mit hinein-
stellt. Das gilt auch für die Gefechtsbilder, die eine für den
weiblichen Autor zwiefach erstaunliche Begabung der Ein-
fühlung offenbaren. Und der Humor der Lena Christ, die
ihre engeren Landsleute längst als einen ihrer besten Volks-
schriftsteller zu schätzen wissen, kommt noch köstlich in
einem Intermezzo zur Geltung, genannt ›Allerhand aus der
ersten Kriegswoche‹, darin die Spionenangst und der
Schreck vor der vergifteten Wasserleitung in Augenblicks-
bildern glossiert werden, die sich den besten Humoren
eines Ludwig Thoma zur Seite stellen können.«

Ähnlich lauten auch die Stimmen, die den beiden Fort-
setzungsbändchen galten. Der »Berliner Börsen-Courier«
schrieb beispielsweise: »Lena Christ hat fürwahr männliche
Fäuste. Ihre Bayernskizzen verblüffen durch straffe Diszi-
plin. Sie schreibt in kurzen, lebhaften Sätzen. Am unmittel-
barsten wirken jene Bilder, die sie selber sah. In Stadt und
Land. Auf Straßen, Märkten und in Lazaretten. Man sieht
den Krieg als Reflex in Spießerköpfen, Bauerngehirnen.
Drei Sätze – und ein Mensch steht da. Zwanzig Zeilen – und
ein Schicksal ist vollendet. Das ist ganz unübertrefflich.«

Voll Bewunderung hob man fast in allen Besprechungen
hervor, daß diese Kriegsgeschichten von einer Frau verfaßt

Lena Chrift
Unfere Bayern anno 14/15
Zweiter Teil
Langens Kriegsbücher

waren. Man lobte ihr Einfühlungsvermögen, ihr Verständnis für die außergewöhnlichen Situationen. Das war auch nur möglich, weil sie sich selbst mit den Sorgen, den Nöten und den Freuden der Männer identifizieren konnte. Dabei kannte ihr Patriotismus keine Grenzen. Freilich galt er weniger dem Krieg, sondern mehr den Soldaten, denen man, koste es, was es wolle, Freude schenken mußte.

Koste es, was es wolle – das war auch einmal an einem

sonnigen Septembertag die Devise, als sie eine Kompanie Soldaten sah, die zum Bahnhof Laim marschierten, um ins Feld geschickt zu werden. Sie kaufte ein Kistchen Zigarren und spendierte es ihnen. Es war rasch geleert. Auch ein zweites reichte nicht aus. Weil jedoch ihr Geld bereits zu Ende war, legte sie schnell entschlossen ihre Brosche zum Pfand auf den Ladentisch und rannte der Kompanie nach, um auch noch die letzten Reihen mit ihren Gaben zu bedenken.

Als Benedix bereits Soldat war und sie Material für ihr zweites und drittes Bayernbüchlein sammelte, ging sie aufs O. W., so lautete die ortsübliche Bezeichnung für das Oberwiesenfeld. Wo sich heute die olympischen Anlagen erstrecken, floß jahrzehntelang Rekrutenschweiß und schallten die markigen Stimmen der Unteroffiziere und Feldwebel über das Gelände. So auch in den Kriegsjahren 1914 bis 1918. Lena Christ schaute den Herren Ausbildern aufs Maul und schrieb auf, was sie hörte. Bei diesen Erkundungsausflügen benützte sie, sooft es das Wetter erlaubte, ein Fahrrad. Statt der in Friedenszeiten üblichen Gummibereifung taten jetzt Stahlfedern ihren Dienst, die namentlich während des Fahrens auf gepflasterten Straßen einen ohrenbetäubenden Lärm verursachten.

Einmal begleitete sie Benedix und seine Kompanie zu einer Felddienstübung in den Perlacher Forst, und weil es auf dem Weg durch die Stadt in Strömen zu regnen begonnen hatte, kaufte sie in Giesing kurzerhand bei einem Tandler einen Regenschirm und marschierte, unter seinem Schutz Notizen machend, flott während der ganzen Übung neben den Rekruten einher.

Zur Audienz beim König

Im Frühjahr 1915 gab es ein Ereignis besonderer Art. Schon das erste Bayernbüchlein hatte die »Kriegsschriftstellerin« Lena Christ so berühmt gemacht, daß König Ludwig III. die Autorin kennenlernen wollte.

Bei dieser ersten Audienz im Wittelsbacher-Palais fanden
der König und die Königin so viel Vergnügen an ihrer
natürlichen Art, daß sie die Autorin bald darauf zur Tafel
luden. Dabei soll Lena Christ zum Ergötzen ihrer königlichen Gastgeber und zum Entsetzen einer Hofdame echte
Soldatengeschichten und kleine Abenteuer aus ihrem eigenen Leben zum besten gegeben haben.

Für ihre vaterländischen Verdienste erhielt sie das Lud-
wigskreuz, das als Datum den 7. Januar 1916 trägt. Auch
ein Verdienstkreuz befindet sich noch heute im Familienbesitz, das der Überlieferung nach Lena Christ verliehen
wurde.

Ein weiteres, diesmal aber weniger glückliches Zwischenspiel: Die Familie rüstete für eine Reise. Ziel war das
badische Städtchen Staufen, wo die Frau von Benedix'
Bruder, der bereits Soldat war, einem freudigen Ereignis
entgegensah. Lena sollte der jungen Mutter mit Rat und Tat
zur Seite stehen. Doch nicht nur von den nahen Vogesen
hörte man das Grollen der Front, auch im Haus ging es
nicht friedlich zu. Lena Christ fühlte sich angesichts des
neugeborenen Wesens nur noch als Mutter. Darüber vergaß sie völlig, daß es ja nicht ihr Kind war und daß die
leibliche Mutter größere Rechte hatte, auf die diese auch
mit allem Nachdruck pochte. So zog es Benedix bald vor,
mit seiner Familie wieder nach dem weniger turbulenten
München zurückzukehren.

Am 2. September 1915 wurde Benedix Soldat. Vorerst
blieb er in München. Bei den Familienvätern, zu denen ja
auch er zählte, war man mit Ausgang und Wochenendur-
laub nicht kleinlich. Daher änderte sich scheinbar nicht viel.
Für Lena Christ aber hatte die Einberufung einen tiefen
Einschnitt in ihr Leben bedeutet. Benedix führt dazu aus:
»Sie war alles andere als fröhlich, da der Gestellungsbefehl
kam, und ging wie von trüben, dunklen Ahnungen erfüllt
umher. Sie fühlte ein langsam, aber unaufhaltsam nahendes
Ende, dachte aber wohl mehr an mich als an sich. Die
kommende Trennung warf ihre Schatten voraus, und das

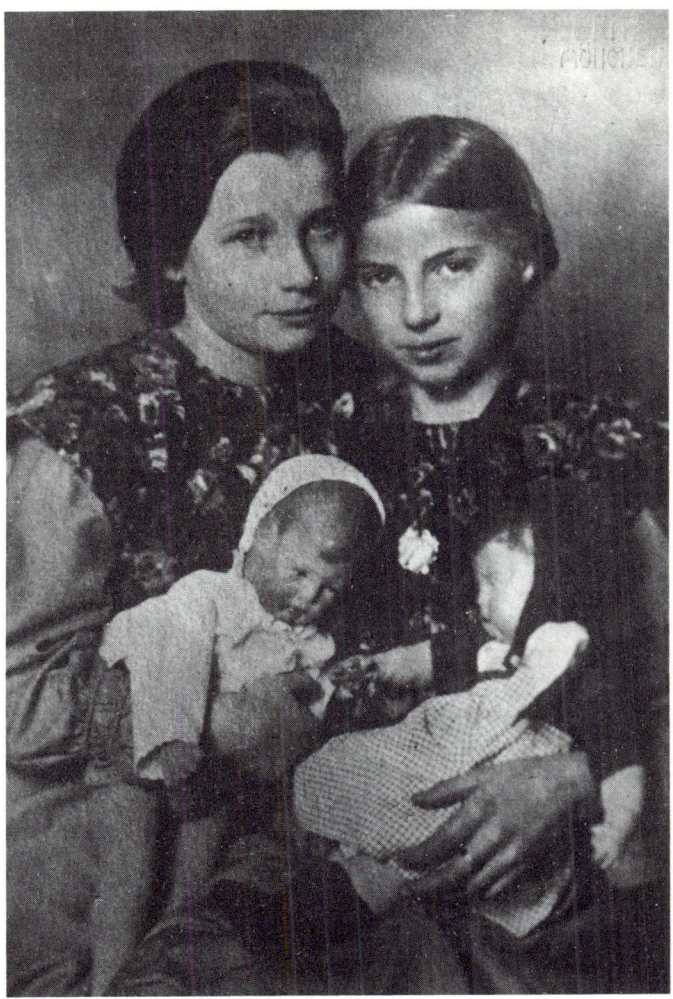

Lena Christs Töchter, Alexandra und Leni

Gefühl der Unsicherheit, wenn sie allein und sich selbst überlassen war, bedrückte sie schon, ehe es Wirklichkeit geworden.«

Ihre Angst war nicht unbegründet. Nach der Ausbildungszeit wurde Benedix im Februar 1916 zum Ersatzbataillon des zweiten bayerischen Landwehrregiments nach

Landshut kommandiert. Hier lebte man zwar in jeder Beziehung angenehmer als in München, aber der Weg nach Hause war weiter, und außerdem wußte man ja nicht, ob man nicht in Kürze zu einer Fronteinheit versetzt werden würde.

Dieses Jahr 1916 umfaßte für Lena Christ eine Zeitspanne, in der sie viel unterwegs war. Teils lebte sie in München, in ihrer Nymphenburger Wohnung, teils war sie bei Benedix in Landshut, der dort in einem Privatquartier untergebracht war, und mitunter hielt sie sich auch in Lindach auf. In diesem Jahr entstand auch das dritte und letzte »Bayernbüchlein«, das ebenfalls, wie seine beiden Vorgänger, neben kriegsbezogenen Skizzen aus der Heimat Frontbegebenheiten enthält. Die Kriegsberichte, nach denen Lena Christ ihre Erzählungen formulierte, stammen vorwiegend von Soldaten, die, bei der Autorin zu Gast, während einer Kaffeestunde von ihren Erlebnissen plauderten.

Die meisten der kleinen Geschichten leben von der besonderen Situation des Augenblicks. Sie sind für einen Historiker, der wissen will, wie der altbayrische Mensch in jenen ersten Kriegsjahren gedacht, geredet und gelebt hat, sicherlich von großem Interesse. Sonst aber haben sie, weil sie allzu sehr jener Zeit verhaftet sind, für das Gesamtwerk der Dichterin eine nur untergeordnete Bedeutung. Mit einer Ausnahme allerdings, wie auch Benedix vermerkt. Im zweiten Bändchen befindet sich die Erzählung: »Es ist ein Schnitter...« In diesem kleinen Kunstwerk spürt man die elementare Macht des Todes, die sich dem Leser wie ein kalter Schauer mitteilt, eine Skizze, die über alles Zeitbedingte hinausreicht und immer gültig bleiben wird.

Die Rumplhanni

Im Jahr 1916 schlug auch die Geburtsstunde der »Rumplhanni«. Genau genommen wurde sie zweimal geboren. Als nämlich Benedix im März auf Sonntagsurlaub heimkam,

legte ihm seine Frau die »Rumplhanni« in Form eines
Theaterstückes in drei Aufzügen vor. Da jedoch, zum
Unterschied von Ludwig Thoma, Bühnenstücke nicht
Lena Christs Stärke waren, sah Benedix in der »Rumpl-
hanni« eine Mißgeburt, er sagte dazu »Mist«.

Damit aber hatte die Dichterin den Glauben an ihr jüng-
stes literarisches Kind keineswegs verloren. Als sie Ende
April zu ihrem Mann nach Landshut fuhr, brachte sie ihm
die ersten zwei Kapitel einer Neufassung mit. Wieder

wählte sie die ihr vertraute Erzählform, und Benedix
bemerkte auch gleich, daß sie damit auf dem richtigen Weg
war. »Das war freilich etwas anderes«, kann man in seinem
Buch nachlesen, »und ich kargte nicht mit meinem Lob. Da
noch eine zweite Schlafgelegenheit im Zimmer war, blieb
sie eine Woche bei mir und schrieb während dieser Zeit die
beiden folgenden Kapitel. – Rückten wir in der Frühe aus
und marschierten mit Gesang die Neustadt hinunter, an
dem Haus vorbei, öffnete sich oben ein Fenster, und sie
winkte mir grüßend zu, um sich dann wieder ins Bett zu
legen und weiterzuschreiben.«

Im Juli dieses Jahres fuhr sie mit ihren Kindern wieder
nach Lindach. Die beiden Mädchen, die von dort aus auch

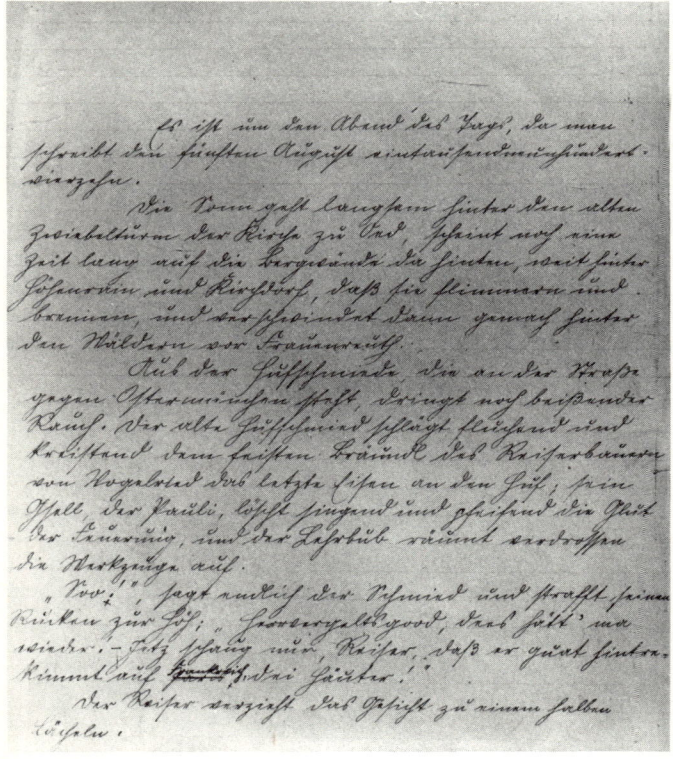

Erste Manuskriptseite aus »Die Rumplhanni«

zeitweise in die Egmatinger Schule gingen, freuten sich besonders auf den Landaufenthalt. Die älteste Tochter erinnert sich gern an diese ungebundene Zeit und besonders an ein Erlebnis, das auch schwerwiegende Folgen hätte haben können: »Wir hatten mit Buben und Mädchen, alle im Alter von sechs bis vierzehn Jahren, denselben Schulweg. Wir wurden alle in einem Zimmer von einem Lehrer unterrichtet. Meine Schwester und ich durften im Lehrerhaus zu Mittag essen. Mutter war mit den ›Oberlehrers‹ befreundet. Auf dem Schulweg, der eine Dreiviertelstunde durch den Wald nach Egmating ging, war es oft sehr lustig. Doch einmal hätte unser Übermut einem Buben ums Haar das Leben gekostet. Wir setzten uns auf unsere Schulranzen und rutschten damit den Hang einer Kiesgrube hinab. Auf einmal kam der Kies in Bewegung und deckte einen der Buben zu. Durch unser entsetztes Geschrei um Hilfe wurden Waldarbeiter aufmerksam. Die haben den Buben dann gerettet. Uns hat der Schreck noch lange in den Knochen gesessen. Auch tat der Hintern lange weh von den Schlägen, die es daheim gab.«

Lena fand in Lindach auch endlich wieder Zeit, an der »Rumplhanni« weiterzuarbeiten. Sie lebte hier in dem Weiler unmittelbar in dem Bereich dieser Erzählung und auch noch einiger kleinerer Geschichten.

Benedix erläutert die Entstehungsgeschichte der »Rumplhanni« auf folgende Weise: »Dort trug sich nun Verschiedenes zu, was sie unmittelbar nach dem Geschehen in den Roman aufgenommen hat. Vor allem waren das jene Szenen zwischen der alten Kollerin, der Bäuerin und der Dienstmagd, die das Urbild der Rumplhanni ist und schon das Jahr zuvor auf dem Hof war. In Wirklichkeit war sie rothaarig, doch hat die Dichterin nicht nur die Haarfarbe geändert, sondern auch wesentliche Züge ihres Charakters, die sie ihrem eigenen Innern und ihrer Phantasie entnahm. Ebenso haben die Vorgänge zwischen dem Bauern, seinem Sohn, dem Simmerl, und der Magd keine wirklichen Geschehnisse zur Grundlage, sondern sind von der Dichterin erfunden, genau so wie die höchst originelle Figur der

Wabn, der Großmutter der Rumplhanni. Eigenes Gut der dichterischen Phantasie sind ferner alle späteren Ereignisse, insonderheit die Übersiedlung der Rumplhanni vom Land in die Stadt. Es war ja der eigene Weg der Dichterin, den sie auch ihre beiden großen Romanfiguren, den Mathias Bichler und die Rumplhanni, gehen läßt. Für die Wirtshausszenen im zweiten Teil des Romans bot ihr eigenes früheres Leben genügend Stoff.«

Vom Juli an fuhr nun Benedix an jedem Wochenende nach Lindach. Einmal kam er, als seine Frau mitten in der Arbeit war. Sie hatte ihm mit einer Geste angedeutet, daß sie nicht gestört sein wollte. Als er dann später die losen Blätter einsammelte, die um ihr Bett und auf dem Fußboden verstreut lagen, zählte er fast vierzig. In einem Zug hatte sie mit traumwandlerischer Sicherheit Seite um Seite gefüllt. Keine Überarbeitung war nötig. Ohne den Umweg über das Lektorat zu machen, gingen die Kapitel, nachdem sie mit der Schreibmaschine abgeschrieben waren, gleich in die Setzerei von Hesse und Becker in Leipzig.

Hof des Wimmerbauern in Lindach bei Glonn

Mit dem Korrekturenlesen wurde die Autorin gar nicht erst belastet. Das erledigte einerseits Benedix, zum andern der Albert Langen Verlag.

Lediglich der Schluß der »Rumplhanni« erfuhr nachträglich noch eine Änderung. Korfiz Holm war mit der Urfassung nicht ganz einverstanden. Er regte, ungeachtet der Kosten für einen Neusatz, die uns vertraute endgültige Fassung an. Niemand ahnt, wo das Neugeschaffene beginnt. Nahtlos, als wäre es nie anders gewesen, ist die Schnittstelle verwachsen.

Anfang Oktober – Lena Christ war kurz zuvor wieder nach München zurückgekehrt – setzte sie unter das fertige Manuskript den Schlußstrich.

Schon im Spätherbst 1916 erschien »Die Rumplhanni«. Dieses Werk, das sich schlicht »eine Erzählung« nennt, wurde wieder ein ganz beachtlicher Erfolg und war außer dem später wenig beachteten Bayernbüchlein das einzige Buch der Autorin – »Madam Bäurin« und »Bauern« erschienen bei Paul List in Leipzig –, das der Albert Langen–Georg Müller Verlag über viele Jahre in seinem Katalog führte.

Sechzehn Jahre nach dem Tod von Lena Christ ist es wieder Josef Hofmiller, der in einem ausführlichen Artikel das Werk der Dichterin würdigt. Was er in seiner Besprechung über »Die Rumplhanni« schreibt, verdient hier, und nicht nur, weil es die Handlung skizziert, wiedergegeben zu werden:

»Sie weiß alles, diese Erzählerin. Sie weiß, wie es in der Küche beim Hauserbauern zugeht und beim Martlbräu. Sie weiß zu jedem Kalenderheiligen eine Bauernregel. Sie kennt die Herbergen in der Au und die Zellen in Stadelheim. Sie weiß, wie eine Wirtin mit ihrer Tochter grantelt, wie sie ein Küchenmädel einstellt, wie sie dirigiert, bis sich die Speiskarte bei der Jakobidult glatt abwickelt, und was man alles herrichtet. Sie weiß, wie das Abendgebet der Hanni am Hochzeitstag lautet, nachdem sie, todmüd von der Arbeit, spät in der Nacht das grüne Kranzl und den Schleier vom Haar löst.

Sie weiß noch mehr. Sie blickt ihren Gestalten bis ins Innerste: keine Regung entgeht ihr, kein Verdacht, kein Spiel mit einem Gedanken. Die Heldin kennt nur ein Ziel: eine Heimat, ein eigenes Sach, Haus und Hof. Wer ihr das bietet, das ist ihr einerlei. Um zu diesem Ziel zu gelangen, bändelt sie mit jedem erreichbaren Burschen an; aber sobald sie merkt, mit dem ist es nichts, läßt sie ihn fallen. Sie hält die Männer zum Narren und ist in ihren Mitteln skrupellos... Draußen bei den Bauern geriet ihr alles falsch, in der Stadt gedeiht ihr auch das Schlimme zum Guten. Sie bleibt innerlich dieselbe, pfiffig, schlagfertig, resch, im Grund ein guter Kerl, fest bei der Arbeit, unverdrossen, immer auf der Paß nach ihrem Hochzeiter, bis sie ihn glücklich erwischt.

Das Gespräch, das mit dem Verlobungskuß schließt, ist kostbar. Ein urwüchsigerer, echterer Dialog ist in altbayrischer Mundart niemals geschrieben worden. Wie redet der Wirt mit dem Bauern? Wie nimmt ein Bursch Abschied von seinem Mädel? Was wird unterm Essen am Bauerntisch gesprochen? Wie bringt der Bursch dem Alten die brenzliche Geschichte bei? Wie fertigt die Hanni einen zwideren Geizkragen ab? Welche Sprüche macht der Eier- und Butteraufkäufer? Welche Sprüche machen die Bauern beim Politisieren? Immer neue Situationen, immer neue Dialoge, einer so echt wie der andere, keine tote Stelle, keine überspitzte Pointe. Dieser Dialog ist so durch und durch bauernmäßig, daß man an den bei Jeremias Gotthelf denken muß; er stammt nicht aus der Beobachtung, und wäre sie noch so glänzend, er stammt aus dem Blut. Er ist nicht erlauscht, er ist erlebt.«

Ländliches Idyll in Gern

Lena Christ hatte in jenen »Hungerzeiten« einen gesunden Sinn für die Realitäten des Lebens. Sie kaufte vom Wimmerbauern ein kleines Schwein, und Benedix verfrachtete es in die Stadtwohnung. Wer allerdings die Pilarstraße in Nymphenburg kennt, weiß, daß sich dort ein »Fackerl«, auch wenn es in einem Lichtschacht neben der Haustüre untergebracht war, nicht lange der Gunst der Hausbewohner erfreuen konnte. Ein Bretterverschlag auf dem Gelände des nahen Nymphenburger Turnvereins bot dann für das grunzende Haustier, zu dem Lena bald noch weitere vier Artgenossen gesellte, die nächste Unterkunft. Aber auch das war nur eine Notlösung.

Mangelte es im Haushalt auch an Lebensmitteln, das Geld war dank der schriftstellerischen Erfolge der Autorin nicht knapp. Deshalb konnte für sie ein langgehegter Wunsch Wirklichkeit werden. Kaum zweihundert Meter von der bisherigen Wohnung entfernt, jenseits des sogenannten kleinen Würmkanals oder Canalettos, mietete sie ein ganzes Landhäuschen. Dieses damals in einem parkähnlichen Garten gelegene Anwesen, Kuglmüllerstraße 78 – nach der neuen Numerierung Nr. 20 –, mußte im Jahre 1971 einem Neubau weichen. Im alten Haus entstand vom Spätherbst 1916 an der vielbelächelte, aber auch von hamsternden Freunden oft heimgesuchte Miniaturbauernhof mit der »Bäurin« Lena Christ.

Es ist verständlich, daß sie während dieser Zeit, wo sie sich um Haus und Garten kümmern und die zahlreichen Kleintiere betreuen mußte, zu keiner größeren Arbeit kam.

Ähnlich wie Benedix, der in jenen Monaten hauptsächlich als Wochenendurlauber zukehrte und sich auf die vielfältigste Weise nützlich machte, schildert auch die damals etwa vierzehnjährige älteste Tochter das ländliche Idyll aus ihrer Sicht: »Das Balkonstüberl oben war das Arbeitszimmer meiner Mutter, geschrieben aber hat sie fast immer im Bett, in dem Schlafraum hinter dem rechten Fenster, unserem Kinderzimmer. Hier war es auch, wo die ›Hilekilegans‹ jeden Morgen in Mamas Bett durfte, ihr goldenes Armband um den schlanken Hals bekam, wofür sich die Gans sehr stolz mit lautem Geschnatter bedankte. Links die beiden Fenster gehörten zum Wohn- und Eßzimmer. Hier waren oft geistreiche und humorvolle Menschen zu Gast. Das Arbeitszimmer von Benedix lag nach rückwärts, zum Garten raus. Das Haus war früher von schönen alten Bäumen umgeben, mit vielen lauschigen Plätzchen zum Träumen. In meiner Erinnerung ein kleines Paradies, in dem auch die Tiere nicht fehlten. Im Keller des Hauses grunzten, bis über die Knöchel im Sägmehl stehend, fünf Schweine. Zwei Geißen, die Lisl und das Mikerl samt Zicklein, etliche Kaninchen sprangen frei im Garten herum. Dazu die Gans, Enten und Hühner...«

Die für manchen etwas unverständliche Zuneigung zu einer Gans war übrigens nicht das einzige Zeichen einer großen Tierliebe der Autorin. Aber vielleicht läßt sich dieses innige Verhältnis zu Tieren dadurch erklären, daß sie in ihnen, die häufig der Willkür und der Brutalität ausgesetzt sind, die leidende Kreatur sah, der sie sich eingedenk der vielen eigenen bitteren Erlebnisse zugehörig fühlte.

Schon in ihrer Kindheit, als sich Lena in der fremden städtischen Umgebung nicht zurechtfand, suchte sie ihre Zuflucht bei einem Tier: »...und erzählte unserer großen Katze, die ich mit ins Bett nahm, mein Unglück.« Auch die schwarze Katze, die bei der Klosterpförtnerin in Ursberg aus dem kleinen Fenster sah, erwähnt sie ausdrücklich in ihren »Erinnerungen«, eine Nebensächlichkeit, die andere kaum bemerken würden.

Eine besondere Freundschaft verband Lena später auch mit »Schleicher«, einer riesigen, blaugestromten Dogge, die auf den Mann dressiert war. Der Stiefvater hatte sie von ihrem Herrn, der verarmt war, gekauft, und obwohl der Hund durch Jahre an seinen Besitzer gewöhnt war, schloß er sich schnell an Lena an, folgte ihr auf den kleinsten Wink und wurde ihr zuverlässiger Beschützer. Und auch in ihrer schlechtesten Zeit, wenige Wochen vor dem Ende, nahm sie noch ein Kätzchen auf, das sie liebevoll betreute. Benedix erwähnt es im Zusammenhang mit den »jenseitigen Dingen«; denn offenbar nahm auch das Kätzchen die Schritte wahr, die eine der nächtlichen Erscheinungen nach dem Freitod der Dichterin begleiteten.

Erst im Frühjahr 1917 dachte die Autorin an eine neue Arbeit. Einen richtigen Roman, der im biedermeierlichkleinbürgerlichen München spielte, wollte sie schreiben. »Kaspar Glück und seine Frauen« sollte er heißen.

Es ist gewiß gut, daß sie über die ersten Kapitel nicht hinauskam, obwohl sie sich selbst am Vorabend ihres Todestages noch geistig damit beschäftigte und Benedix anregte, er solle doch, damit die Arbeit nicht ganz umsonst gewesen sei, eine kürzere Erzählung draus machen.

Dieser Romananfang ist ganz Klischee und weit davon entfernt, Dichtung zu sein. Man merkt, sie »mußte« ihn nicht schreiben, sie wollte ihn schreiben, und dies wohl allein aus dem Grund, um auch den Städtern und der Stadt München ihre Reverenz zu erweisen. Zum Unterschied vom weiten Land ihrer »Erinnerungen«, das den »Mathias Bichler« und »Die Rumplhanni« mit einschloß, war sie in der engen Welt des »Kaspar Glück« eben nicht zu Hause. In ihr konnte sie sich nur verirren.

Der Sommer des Jahres 1917 brachte zwei Begegnungen, die es verdienen, genannt zu werden. Annette Thoma, die Schöpferin der »Bauernmesse« und Frau des Malers Emil Thoma, hatte »Die Rumplhanni« gelesen und der Autorin voll Begeisterung geschrieben. Bald darauf lernten sich die beiden Frauen persönlich kennen. Annette Thoma, die zeitlebens »die tiefe, klangvolle Stimme« der Lena Christ »im Ohr« hatte, berichtete:

»So stand ich also am 15. August 1917 mit meiner sechsjährigen Ältesten wartend am Stephanskirchener Bahnhof und das Kind fragte, ob nun wirklich 's Christkindl käme? Sicher war's enttäuscht, als eine hochgewachsene, blonde Frau, zusammen mit einem Soldaten ›zweites Reserve-Infanterie-Regiment‹, ausstieg und ziemlich laut zu diesem sagte: ›Des wern ma na scho derfragn, Herrli, wo's da zu der Frau Thoma nach Riedering geht.‹

Dann schauten wir einander an und wußten, wie wir dran waren. Mit dem ›Herrli‹, ihrem Mann, Peter Jerusalem, wanderten wir dann die sonnige Landstraße hinüber nach Riedering und unser Haus gab an Gastlichkeit, was die Not der knappen Jahre erlaubte.

Die Persönlichkeit der Lena Christ war faszinierend: Von auffallend schlichter Natürlichkeit, verbunden mit einer Sicherheit im Urteil und klarer Ausdrucksweise. Ob von diesem unseligen, schon fast aussichtslosen Krieg, von der Verknappung der Nahrungsmittel, die man mühsam hamsterte und von allem anderen, was jetzt doppelt nottat im Leben.

Da flossen dann wie von selber Erzählungen aus ihrem Leben ein und ließen uns aufhorchen. Den Bildern meines Mannes brachte sie ein unerwartet und völlig unverbildetes Verständnis entgegen. Und der Maler horchte nicht nur auf, er schaute sie auch an. Ob er sie malen dürfe, fragte er. Das Ebenmaß dieses Gesichts, so gar nicht ›schön‹ und ›süß‹, der Bauernadel, der hier verkörpert schien, welchen Künstler sollte das nicht reizen? Dazu Farben von einem Ton-in-Ton jenes blonden Typs, dem wir in Altbayern oft begegnen.

›Ich werd am Montag über acht Tag anschwirren, ein Trumm Suppenhenn' und sonst noch was z'Essen mitbringen und dann eine Woche recht brav sitzen, daß das Bild schön wird. Ich denk Euer in Liebe und bin Eure getreue Lena Christ‹, schrieb sie ein paar Wochen später.

Es kam nicht dazu. Der Maler verletzte sich schlimm an der Hand. Er konnte nicht malen. Die Sache wurde verschoben. Zur Durchführung sollte es nicht mehr kommen.«

Die nächste Begegnung fand zehn Tage später, am 25. August 1917, bei Ludwig Thoma auf der Tuften statt. Es war sein Namenstag, den es zu feiern galt. Aus einem Brief vom 26. August 1917 an Maidi von Liebermann stammen folgende Zeilen: »Der Namenstag ist schön und lieb gefeiert worden. Kiem Pauli mit der Zither war da, ein paar Leute vom Theater ... Frau Lena Christ von München. Pauli spielte und sang, und es war wieder ein altes Stück Altbayern in der Stube...«

Es muß ein sehr erquicklicher Tag gewesen sein; denn Thoma erinnert sich zwei Jahre später noch einmal an diese

geselligen Stunden in seinem Haus. An seine Lebensgefähr-
tin schreibt er am 31. August 1919 in einem Rückblick:
»1917 war zufällig Kiem und Weiß Ferdl aus dem Felde da,
die Lena Christ und Queri.«

Auch Weiß Ferdl berichtet in seinen Lebenserinnerungen
von diesem Künstlertreffen. Er läßt nicht unerwähnt, daß
auch Peter Jerusalem dabeigewesen sei.

Gleichgültig, ob es sich bei Ludwig Thoma um das
Ignorieren der Anwesenheit von Benedix handelt oder ob
sich später Benedix in seinem Buch »Der Weg der Lena
Christ« kritisch über Thoma äußert – immer glaubt man
herauszuspüren, daß zwischen beiden eine Abneigung
bestanden hat.

Zwischen Lena Christ und Thoma, die in ihm, obwohl
es eigentlich keinen triftigen Grund gab, ihren »Gönner«
sah, scheint hingegen schon seit längerem wieder ein unbe-
schwerter, kollegialer Ton geherrscht zu haben. Sein Ärger
über die »Lausdirndlgeschichten« war längst verraucht; es
war eine seiner guten Eigenschaften, daß er nicht nachtragend war.

Schon bald nach der Rückkehr von der Tuften, mit
Herbstbeginn des Jahres 1917, endete das ländliche Gerner
Intermezzo.

Lena Christ, die Angst vor der kalten Jahreszeit und
Angst vor dem Alleinsein hatte, wollte zu Benedix nach
Landshut. Eine große Dankbarkeit und Anhänglichkeit
verband sie mit diesem Mann, der sie und ihre Kinder aus
dem Elend gerissen und die vereinsamte, verzweifelte Frau
zu einer Persönlichkeit gemacht hatte. Einmal gestand sie
ihm, daß sie alle Bücher nur für ihn geschrieben hätte. Es
war wohl auch so, daß sein Glaube an sie ihre Fähigkeiten
und Kräfte geweckt und sein Vertrauen und seine Nähe
einen beruhigenden Einfluß auf sie ausgeübt hatten.

War sie länger allein, verfiel sie in Schwermut. Diese
Stimmung gibt ein Brief wieder, den sie im Oktober 1917
an Annette Thoma gerichtet hatte:

»Ich bin ziemlich deprimiert und kann gar nicht arbeiten,

obgleich es so notwendig wäre, – teils dieserhalb, teils außerdem. Aber grad weil es sein müßte, geht's nicht und das macht einen immer noch kleiner. Ich fühl mich auch gar nicht wohl und hab wieder allerhand Herzgeschichten. Na ja, eins ist bedingt durchs andere. Es wird schon nicht alleweil auf eine Seiten hängen. Ich freu mich schon auf Riedering und auf Euch. «

Kaum vorstellbar ist, wieviel Kraft Lena Christ zeitlebens ihren zahlreichen Umzügen geopfert hat. Diesmal mußte sogar eine kleine Landwirtschaft aufgelöst werden. Die Schweine waren schon im Laufe des Sommers geschlachtet worden, aber für die Geißen waren neue Ställe zu finden. Eine wurde schließlich nach Neuhausen verkauft, die andere nach Allach. Dieser heute nach München eingemeindete Ort ist von der Kuglmüllerstraße in Gern etwa sieben Kilometer entfernt. Benedix gab der braunen Lisl mit ihrem milchprallen Euter – das war Grundbedingung des Kaufvertrags – das Geleit.

Maurus Graf, der Bruder des bayrischen Dichters Oskar Maria Graf, der sich allen Künstlern mäzenatisch verbunden fühlte und in dessen gemütliches Café in Berg am Starnberger See auch Benedix nach dem Tode der Lena Christ oft hungrig einkehrte, um dort verköstigt zu werden – Maurus Graf bezeichnete Peter Benedix als eine »Spitzwegfigur«. Wenn man sich vorstellt, daß Benedix, der sonst kaum ohne seinen Dackl Lumpi zu denken war, mit einer Geiß über Land zog, so unterstreicht das die Bemerkung von Maurus Graf auf skurrile Weise.

Kurios ist auch sein Lebenslauf. In seiner Jugend brannte er von zu Hause durch und lief einer Schaustellertruppe nach, weil er Seiltänzer werden wollte. Er probierte es mit der Malerei, mit der Dichtkunst, verfaßte kleine Theaterstücke und hielt sich für einen großen Mimen. In einem Damenmodengeschäft tat er als Ausgeher Dienst, kehrte reumütig wieder heim, begann das Studium und wollte Arzt werden. Schließlich aber zog es ihn mehr zur Philosophie. Nebenbei studierte er Gesang, versuchte sich in der Bildhauerei, fuhr als Student der Kunstgeschichte nach

Florenz und gab einen Auftritt als Dorfschullehrer im Odenwald. Erst mit zunehmendem Alter wandelte er sich zu einer ruhigen, beständigen Persönlichkeit. Bezeichnend für seine Güte und das innige menschliche Verhältnis, dessen er fähig war, ist die Tatsache, daß seine zweite Frau Sascha sein Ableben am 6. März 1954 nicht verwinden konnte. Sieben Monate später stürzte sie unter nie ganz geklärten Umständen vom Balkon der Nervenklinik Ebenhausen in den Tod.

Die vorerst letzte Münchner Aufgabe für Lena Christ war, eine Behausung zu suchen. Da man im Viertel bleiben wollte, mietete sie am 16. November in der Winthirstraße 41, unweit der Gerner Kanalbrücke, ein Atelier. Diese Wohnung war aber lediglich dazu ausersehen, um die Möbel unterzustellen. Jetzt konnte die Übersiedlung nach Landshut erfolgen.

Landshut, Abschied von Benedix und »Madam Bäurin«

Gemessen an München, wo das Gespenst des Hungers umging, lebte man in Landshut, inmitten des fruchtbaren niederbayrischen Bauernlandes, wie im Schlaraffenland. In der Landshuter Altstadt, Unter den Bögen, mietete Lena Christ für kürzere Zeit ein paar möblierte Zimmer. Die Kinder kamen ins Internat der Dominikanerinnen in Niederviehbach und waren nur während der Ferien zu Hause.

Landshut war für Lena Christ ein guter Beginn. Der dort anläßlich eines früheren Aufenthaltes verfaßte Einakter »Der goldene Strumpf«, ein Bauernschwank mit vaterländisch-tendenziösem Inhalt, erlebte bereits Mitte Oktober gleichzeitig im Landshuter Stadttheater und im Münchner Deutschen Theater seine Premiere. Was sie zu dieser Arbeit, die nach Meinung von Benedix keinen besonderen künstlerischen Wert hatte, inspirierte, berichtet er nicht. Vermutlich aber wurde sie durch die Aufrufe, Gold für

Eisen zu geben oder Kriegsanleihe zu zeichnen, angeregt, sich mit diesem Stück hinter die Obrigkeit zu stellen.

Drei weitere, etwa zur gleichen Zeit entstandene Einakter streift Benedix nur mit einem Satz und ohne überhaupt ihre Titel zu nennen. Er war kritisch genug, um zu erkennen, daß ihr das Stückeschreiben nicht lag: »So brachte auch die Lena Christ nur wenig für die Bühne mit, um so weniger, als sie als Erzählerin eine reine Naturbegabung war, allem Problematischen fern.«

Diese Theaterstücke, ausgenommen die »Millionäre« und »Der Hochzeiter«, der, ein halbes Jahrhundert nach seiner Entstehung, erstmals 1987 im Stadttheater Ingolstadt ohne nachhaltigen Erfolg aufgeführt wurde, sind verschwunden. Vieles spricht dafür, daß Benedix die Urschriften vernichtet hat. So pflegte er es auch mit seinen eigenen, für unwürdig befundenen Arbeiten zu halten, wie er auch verfügt hatte, seinen schriftstellerischen Nachlaß und persönliche Erinnerungsstücke nach seinem Tod zu verbrennen. Vermutlich ist dabei auch das einmal von ihm erwähnte Photo »Lena Christ als Pilgermädchen« der Vernichtung anheimgefallen.

Benedix war Individualist. Er haßte jede Art von Zwang, und mit seinen vierzig Jahren und seiner Lebenserfahrung konnte er dem Soldatenleben nicht viel abgewinnen. Deshalb mochte er wohl sein Bronchialleiden als seinen Verbündeten ansehen; es ließ ihn länger, als er zu hoffen wagte, in der heimischen Garnison und bei seiner Frau bleiben.

Nach seiner Genesung schlug aber unerbittlich die Stunde des Abschieds. In ihrem Brief vom 28. Januar 1918 schreibt Lena Christ an die Familie des Malers Emil Thoma: »Meine lieben Riederingerleut! Mein lieber Peter ist heut an die Front gekommen. Ich bin recht traurig und ganz mit den Nerven herunten...«

Benedix landete nach einer sechstägigen, an Umwegen reichen Bummelreise an der Front in Frankreich und wurde dort hinter den Kampflinien eingesetzt. Obwohl Lena Christ nur jeweils für die Dauer weniger Monate von

Benedix getrennt war, litt sie unvorstellbar darunter. Es gab Tage, an denen sie vor Depressionen keinen klaren Gedanken fassen konnte. Diese Stimmung gibt besonders deutlich ein Brief wieder, von dem Benedix in seinem Buch berichtet: »So hatte sie mir schon im März (1918) geschrieben, daß im Grunde ihr Dasein nichts anderes mehr sei als ein Warten auf meine Heimkunft. ›Das ist so ziemlich das Alpha und Omega meines Denkens. Und wenn der Krieg noch lang dauert, dann werde ich ein Opfer desselben. Das weiß ich bestimmt. Ich war nur durch Dich was und bin nix mehr, seit ich Dich nicht mehr hab. Ich bin haltlos, kraftlos und leblos. Mein ganzes Dasein und Tagwerk ist wie ein Traum – ein Traumzustand, in dem ich mechanisch das und jenes unternehme, Dummheiten mach, gescheite Ideen hab, Gemütsempfindungen hab –, aber mein eigentliches Leben ist wie in einem Sarg verschlossen, und nur Du kannst es wieder zum Leben bringen...‹«

Etwa in der Zeit des Vorfrühlings war sie an einer schweren Grippe erkrankt und hatte an die Dienststelle ihres Mannes ein Urlaubsgesuch gerichtet. Es war das erstemal in diesem Krieg, daß sie in eigener Sache schrieb, denn bisher hatte sie zahlreiche Bittbriefe für manche des Schreibens unkundige Bäuerinnen aus der näheren und weiteren Umgebung verfaßt, die ihre Männer für die dringende Bestellung ihrer Äcker vom Kriegsdienst beurlaubt haben wollten.

Die damit zusammenhängenden Erfolge der »Milidärbrifstellerin Christus«, wie sie einmal von einer Hilfesuchenden angeschrieben wurde, waren aber auch für die Autorin selber von großem Nutzen. Das Honorar für ihre Schreibarbeit empfing sie nämlich in Form von Naturalien. Im Hinblick auf ihre labile Gesundheit mochte das in jenen Monaten, in denen selbst das einst paradiesische Landshut die Auswirkungen des Krieges immer stärker zu spüren bekam, mit ein Grund gewesen sein, ihre bäuerlichen Klienten gut zu bedienen.

Es dürfte im April 1918 gewesen sein, als Benedix Urlaub erhielt und zu seiner Frau nach Landshut fuhr. Sie war inzwischen umgezogen und hatte in der Neustadt, in der ruhigen Maximilianstraße 8, unweit der Schweren-Reiter-Kaserne, eine Teilwohnung gemietet und diese mit geliehenem alten Mobiliar, so gut es ging, wohnlich eingerichtet. Seine ersten Eindrücke faßt Benedix in folgende Worte: »Von den Fenstern des Wohnzimmers sah man auf die Jodokskirche und die bewaldeten Höhen der Trausnitz. Ein entzückendes Bild, das so recht zum Dableiben einlud.

Madam Bäuerin

Roman

von

Lena Chrift

(1919)

Paul Lift Verlag Leipzig

1946 N: 894

Auf dem Schreibtisch lag, als Überraschung für mich gedacht, der Anfang eines neuen Romans, der ›Madam Bäurin‹, den sie, wie gewohnt, im Bett begonnen und auch dort vollendet hat.«

Gesundheitlich befand sich Lena Christ in jenen Tagen bereits wieder auf dem Wege der Besserung. Die Gegenwart ihres Mannes mag ihr zudem neuen Lebensmut und Freude an der Weiterführung ihres begonnenen Werkes geschenkt haben. Wenn es Benedix auch nicht erwähnt, geistig wird er mit seiner Frau den Weg der ›Madam Bäurin«, die ein Stadtfräulein war und nach allerhand Widerständen kraft ihrer großen Liebe eine richtige Bäurin wurde, gegangen sein und die Autorin beraten haben.

Benedix geht in seinem Buch »Der Weg der Lena Christ« auffallend kurz über diesen Fronturlaub in Landshut hinweg. Nach Jahrzehnten, als er das Buch schreibt, sieht er rückschauend, daß diese Urlaubstage bereits überschattet waren von dem, was kommen und zur Trennung führen sollte. Vielleicht hatte er es auch damals schon gespürt, wohin es Lena Christ trieb, nur konnte er nicht ahnen, daß er ihr den Weg gewiesen und, wie er sich selbst ausdrückt, »den Bock zum Gärtner« gemacht hatte.

Der Beginn dieser folgenschweren Verkettung lag mehrere Monate zurück. Anläßlich einer gemeinsam besuchten Veranstaltung für Verwundete eines Landshuter Lazaretts, wo auch Lena Christ aus ihren Werken vorlas, hatten sie einen jungen Kriegsversehrten kennengelernt, der von Beruf Sänger war und Lieder vortrug. Er war als Kind deutscher Eltern in Italien geboren und sehr sprachenbegabt. Da er neben der deutschen die italienische, französische und englische Sprache beherrschte, tat er in einem Landshuter Kriegsgefangenenlager als Dolmetscher Dienst. Er hieß Ludwig Schmidt, nannte sich aber Lodovico Fabbri und war ein Bruder Leichtsinn von der liebenswerten, gewinnenden Seite und immer zu Scherz und Schabernack aufgelegt. Ihn bat Benedix, als er Landshut verlassen mußte, er möge sich seiner kränkelnden, zur Schwermut neigenden Frau annehmen.

Wiederholt wurde später, wenn von Lena Christ und dem jungen Sänger die Rede war, behauptet, sie hätte sich »dem Nächstbesten an den Hals geworfen«. Das entspricht nicht den Tatsachen. Benedix selbst schreibt: »Er war zwar damals noch, als ich das erstemal auf Urlaub kam, in durchaus freundschaftlicher Weise der übernommenen Verpflichtung nachgekommen, später jedoch, da ich nach Kriegsschluß heimgekehrt war, nahmen nach und nach die Beziehungen andere Formen an.«

Diesen Ereignissen des Spätherbstes 1918 geht etwas voraus, wovon Benedix nichts berichtet, was aber einen tiefen menschlichen Eindruck vermittelt: Der Sänger, der in seinem Beruf darauf angewiesen war, sich selbst auf der Laute zu begleiten, hatte eine so schwere Handverletzung, daß er glaubte, seine Finger würden steif bleiben und er würde nie mehr fähig sein, seinen Beruf vollwertig ausüben zu können.

Es ist bezeichnend für Lena Christ, daß sie, die sich in schwierigen Situationen selber nicht zu helfen vermochte, ihren ganzen Willen einsetzte, um dem jungen Mann zu helfen. Nur durch unermüdlichen Fleiß und stundenlanges Üben war es möglich, so wußte sie, die Folgen der Kriegsverletzung im Laufe der Zeit zu überwinden. Das war mit der Grund, daß der junge Mann beinahe tagtäglich mit einer Gitarre zu ihr kam, daß sie ihm, wenn er wegen der allzu langsamen Fortschritte verzweifeln wollte, Mut zusprach, daß aber auch er ihre Sorgen und Nöte anhörte und sie mit seinen Schwänken und Liedern zu erheitern verstand. Nicht zuletzt hatte er es Lena Christs Energie zu verdanken, daß er später wieder mit seinem Instrument auftreten konnte.

Lena Christ hat es nie verwunden, daß man ihr den einzigen Sohn entfremdet hat, der 1918 schon so alt war, daß er als Freiwilliger in den Krieg hätte ziehen können. Zunächst waren es daher wohl auch mehr mütterliche Gefühle, die sie mit dem Sänger verbanden. Das erklärt, warum sie ihn, wenn sie von ihm redete oder ihn brieflich erwähnte, »Bub« nannte. So mag die Zuneigung erst nach

Erst in jüngster Zeit aufgefundenes, letztes Foto der Lena Christ,
entstanden etwa 1918

und nach die Grenzen der Freundschaft überschritten und
zu der unheilvollen Leidenschaft geführt haben.

War sie sich noch in der ersten Ehe als Sklavin ihres
Mannes, als Märtyrerin und Dulderin vorgekommen, hatte
sie in Benedix ihren Retter, Wohltäter, ja etwas wie ihren

»Schöpfer« gesehen, zu dem sie sich mehr geistig als körperlich hingezogen fühlte, so war für sie dieser junge Mann mit dem Zauber der Unbekümmertheit und dem Charme eines Troubadours der erste wirkliche Geliebte. Sicherlich übersah sie zunächst im Überschwang der Gefühle seine Fehler und Schwächen und bemerkte nicht, daß er ein Schürzenjäger und Blender war. Benedix urteilt: »Jenes Fremdartige an ihm war zu verlockend und betörte ihren im Grunde einfachen, ja primitiven Sinn.« Aber macht es sich Benedix nicht zu leicht, wenn er damit ihre Verirrung zu erklären versucht? Erlag sie nicht vor allem einer Beeinflussung, die zunächst nichts mit der Beziehung zwischen Mann und Frau zu tun hatte? Vergaß Benedix, was das Medium Musik für sie bedeutete und was es vermochte?

Annette und Emil Thoma, die für Lena Christ sangen und spielten, als sie bei ihnen Gast in Riedering war, erlebten einmal ihre »Verzauberung« in einer bestürzend unvergessenen Eindringlichkeit. Lenas Gesicht, ihr Blick, ihre Haltung – alles veränderte sich. Jede Empfindung war ganz dem Wunder Musik untertan. Sie schien sich in einem fernen Traumland zu befinden, in dem es für sie keine Grenzen und Zeiten mehr gab.

Welche betörende Gewalt mußte dann erst von den Liedern des Sängers ausgehen, der außer der schönen Stimme auch noch seine Männlichkeit und die Gunst des Augenblicks als Verbündete hatte! So blieb ihr auch lange verborgen, daß er oberflächlich, gedankenlos, ja herzlos war und daß er für das, was sie als Dichterin bewegte und berührte, wenig Verständnis hatte.

Erst nachdem Peter Benedix Mitte November 1918 heil aus dem Krieg heimgekehrt war, spürte er, daß ihm seine Frau mehr und mehr entglitt. Sie wollte es nicht, sie wehrte sich dagegen, aber die Dämonie der Leidenschaft trieb sie zu dem Jüngeren.

Es war auch nicht so, daß Benedix den Gekränkten und Eifersüchtigen gespielt und sie verdammt hätte. Lange hoffte er, daß die geistige Bindung an ihn stärker sein, daß sie ihren Irrtum einsehen und zu ihm zurückkehren würde. Sie konnte es nicht mehr.

Wie vorher Benedix über sie Macht hatte, so stand sie nun unter dem Einfluß des jüngeren Mannes. In diesem Zusammenhang und wohl auch um ihre Beeinflußbarkeit, aber auch ihre medialen Kräfte aufzuzeigen, erwähnt Benedix von ihm vorgeschlagene spiritistische Sitzungen, die zu verblüffenden Ergebnissen geführt hätten. So hatte der »Geist«, an den die Frage gerichtet war, welchen Arzt sie ihres wieder aufgetretenen Lungenleidens wegen konsultieren sollte, den betreffenden Namen durch Klopfzeichen buchstabiert. Dieser allen Beteiligten bisher unbekannte Arzt existierte wirklich, und zwar am Goetheplatz 2, wie sich Benedix anderntags im Münchner Adreßbuch überzeugte. Der Name des praktischen Arztes – Benedix schreibt nur, daß es ein schwieriger polnisch klingender Name war – lautete Hans Fordan. Schwierig ist dieser Name zwar keinesfalls, wohl aber, wenigstens für München, selten. Dieser Arzt, den Lena Christ auch tatsächlich später aufsuchte, sagte ihr, daß ihr Leiden unheilbar sei, daß ihr jedoch der dauernde Aufenthalt im Süden helfen könnte.

Noch phantastischer war bald darauf – laut Benedix – die Erscheinung taufrischer Blumen, die plötzlich inmitten der Tischplatte lagen, ohne daß einer der Anwesenden die Fingerspitzen von der Tischkante des dreibeinigen Bambusrohrtischchens genommen hatte. Das Medium, das bei diesen Sitzungen immer in Trance fiel, war Lena Christ. Später, nach ihrem Tod, soll sie dann auch das Versprechen, Benedix ein Zeichen aus dem Jenseits zu geben, eingelöst haben. Damit erklärt Benedix auch die traumwandlerische Sicherheit ihres Schreibens. Man denkt an Josef Hofmiller: »Nicht *sie* schreibt – *es* schreibt.« Man denkt aber auch an den Literaturhistoriker Werner Mahrholz, der in seiner »Deutschen Literatur der Gegenwart« wie folgt urteilt: »Es ist etwas Geheimnisvolles um diese Frau, die rein dichterisch vielleicht neben Annette Droste das größte, stärkste, sinnlichste Talent unserer ganzen Literatur ist.«

Rückkehr nach München

In den ersten Januartagen des Jahres 1919 kehrte Lena mit ihren Kindern nach München zurück. Sie folgte dem Geliebten, mit dem sie, wie vordem schon in Landshut geschehen, gelegentlich im bayerischen Oberland anläßlich »heiterer bunter Abende« auftrat.

Es spricht für Benedix, daß er die Bindung an seine Frau, die ihn nur noch mit Bitterkeit erfüllen konnte, nicht spontan löste. Er wartete und hoffte. Dabei ist es rührend, wenn man hört, daß er von Landshut aus zum Hamstern fuhr, um für seine Frau und die Kinder das Lebensnotwendigste nach München schicken oder selber bringen zu können.

Lena Christ hauste jetzt in der kleinen, mit Möbeln überfüllten Atelierwohnung in der Winthirstraße 41, wo

---

Heiterer bunter Abend.

Am **Pfingst-Montag,** den 9. Juni 1919, abends 8 Uhr veranstalten im **Hotel Post** in **Partenkirchen**

Lena Christ,

bayerische Schriftstellerin

und

Lodovico Fabbri,

internationaler Sänger zur Laute

einen

heiteren bunten Abend.

Eintrittskarte Mk. 3.—

Vorverkauf b. d. Buchhdlg. Wenzel, Partenkirch.

Alles Nähere durch Plakate.

auch der Sänger polizeilich gemeldet war. Sie war unstet und unglücklich. Von den meisten Freunden und Bekannten hatte sie sich unter dem Eindruck ihrer Schuld zurückgezogen. Sie litt darunter. Sie kämpfte gegen sich selbst, aber sie war zu schwach, der Macht, die sie in die Tiefe zog, zu entrinnen. Unter dem Eindruck dieser Erkenntnis schrieb sie in den letzten Januartagen des Jahres 1919 an Benedix in Landshut: ».. . Nach einer durchweinten Nacht bin ich soweit gefaßt, daß ich Dir wenigstens schreiben kann. Bitte, nimm mir meine Nervosität nicht übel auf. Ich bin so elend beisammen, so zermürbt, daß ich halt nicht mehr kann. Denn daß Ihr mir bald beide verloren seid, Du und der Bub, daß auch das Glück sich allmählich von mir wenden wird, das weiß ich bestimmt. Ich falle eben doch dem Schicksal anheim, welches mir meine Mutter gewünscht hat. Ganz bestimmt. Ich will heute zum Arzt gehen. Und darnach vielleicht zu einem Psychiater, damit ich weiß, was mit mir los ist, und wie man mir helfen kann. Denn so darfs nicht weitergehn. Im Kino fing ich an zu heulen, wollte zu Dir und verdarb natürlich den andern den Abend. Und wenn ich bei Dir bin, verderb ich Dir die Tage. Und mir hab ich das Leben verdorben. Es wird wohl Schicksal sein. Denn daß auch Deine Gegenwart nichts mehr machen kann, daß ich trotz all Deiner Mühe nicht mehr zur Höhe komme und raus aus dem Irrsinn, das ist bedenklich. . .« Es sollte geschehen, wie sie es selbst voraussah. Kein Mensch konnte ihr mehr helfen.

»Trennung, Fehltritt und Ende« überschreibt Benedix das vorletzte Kapitel seines Buches. Wieder nach München zurückgekehrt, hatte er ein ganzes Jahr lang diesem zermürbenden Treiben standgehalten. Im Herbst 1919 war auch er mit seiner Kraft am Ende. Er trennte sich endgültig von seiner Frau und zog nach Schwabing, wieder in sein altes Domizil in der Hohenzollernstraße 34, das gleiche, in dem ihm Lena Christ vor knapp einem Jahrzehnt die Geschichte ihres Lebens erzählt und er sie angeregt hatte, diese »Erinnerungen« niederzuschreiben.

Vom Herbst 1919 bis zum Vorfrühling des Jahres 1920 sah Benedix Lena Christ nur noch selten. Dann, ab März 1920, lösten sich auch die letzten spärlichen Kontakte.

»Für mich war sie als Frau etwas Gewesenes, eine Fremde, an die ich nur noch mit einem Gefühl der Bitterkeit dachte, ja bald ohne jedes Gefühl, was noch schlimmer war. Sie und ihr Schicksal waren mir gleichgültig geworden...«, schreibt Benedix.

Daß er, wie er anführt, während dieser Zeit auf dem Amtsgericht die Scheidung eingereicht habe, ist nicht nachweisbar und auch für das Geschehen der folgenden Monate ohne Bedeutung.

Von diesem Zeitpunkt an wurde das Leben der Lena Christ immer hektischer. Es scheint, als wäre sie immer auf der Flucht vor sich selbst gewesen. Für wen sollte sie auch jetzt noch schreiben, da ihr Benedix verloren war? Sie lebte ohne Echo; denn der Sänger vermochte ihr nicht mehr als die Leidenschaft des Augenblicks zu geben. Als sie dann auch noch erkennen mußte, daß sie für ihn nur eine von vielen Liebschaften war, kam es zu den ersten schweren und mit großer Härte geführten Auseinandersetzungen.

Wenn Benedix daran anknüpfend meint, Lena Christ habe »mit vollen Händen« dem andern alles nachgeworfen, »nur mehr von dem einen Gedanken beherrscht, ihn mit solch güldenen Banden an sich zu fesseln«, so drängt sich dem Leser das Bild eines üppigen Lebensstils und kostbarer Geschenke auf. Benedix sieht dies sehr subjektiv. Man muß aber, um seinen Wortlaut richtig zu deuten, wissen, daß für ihn schon eine warme Mahlzeit ein Zeichen von Wohlstand war, während der Genuß einer Flasche billigen Rotweins bewies, daß man über seine Verhältnisse lebte.

Etwa in dieser Rangordnung bewegte sich bei Lena Christ das »Über-ihre-Verhältnisse-Leben«. Allerdings waren bereits diese Ausgaben in jenen Zeiten der empfindlich steigenden Preise unverhältnismäßig hoch, während das noch vorhandene Geld schnell an Wert verlor und mit dem Eingang neuer Honorare nicht zu rechnen war.

Es entspricht der Wahrheit, daß sich Lena Christ großzügig gegen jedermann zeigte. Die Möglichkeit, daß eines Tages alle Geldquellen völlig versiegen könnten, hatte in ihrer Vorstellungswelt keinen Raum.

So schwand der Pauschalbetrag, den sie für die »Madam Bäurin« bekommen hatte, schneller dahin, als das in wirtschaftlich normalen Jahren der Fall gewesen wäre. »Madam Bäurin« und »Bauern«, die gesammelten, früher in Zeitungen und Zeitschriften veröffentlichten Erzählungen, kamen übrigens nicht im Albert Langen Verlag heraus; dieser hatte sie abgelehnt. Die Autorin fand dafür in Paul List in Leipzig einen neuen Verleger. Von diesem Pauschalbetrag hatte sich Benedix eine kleine Summe ausbedungen, und zwar mit der Begründung, daß er sich nach der Trennung eine eigene Existenz aufbauen müsse.

Diese Bedingung wirft ein seltsames Licht auf ihn. Es sieht aus, als wollte er sich wie ein vorzeitig entlassener Manager abfinden lassen. Aber diese Forderung ist wohl nur aus der Situation der schwierigen, von Arbeitslosigkeit, Hungersnot und Teuerung gleichermaßen geprägten Nachkriegszeit heraus zu verstehen, in der im Kampf um das nackte Leben andere Gesetze und andere Ehrbegriffe zu gelten schienen.

Mitte November 1919 zog Lena Christ in die Tizianstraße 35 – nach der neuen Numerierung Nr. 18 – in eine Parterrewohnung um. Es mag die Dichterin seltsam berührt haben, hier in Sichtweite des Hauses in der Wilhelm-Düll-Straße zu leben, in das sie vor sieben Jahren mit Benedix eingezogen war. Dort hatte sie das Erscheinen ihres Erstlingswerkes erlebt, und dort, in der Mansardenwohnung, war auch der »Mathias Bichler« entstanden.

Wie leicht war ihr damals alles von der Hand gegangen. Jetzt, wo sie sich zum Schreiben zwingen mußte, wurde nichts Rechtes daraus. An ein größeres Werk war nicht zu denken. Dazu hatte sie weder die innere Ruhe, noch die körperliche Kraft. Die Angst vor dem Alleinsein verfolgte sie; denn sie wußte, daß sie auch auf den Sänger nicht mehr zählen könne und daß er sie verlassen würde. Hinzu kam ein äußerer Umstand, der ihre schwachen Nerven über das erträgliche Maß hinaus peinigte. Der Eigentümer hatte die Villa an die Adventisten verkauft, und die neuen Besitzer holten Handwerker ins Haus, die im ersten Stock mit einem lärmenden Aufgebot Umbauarbeiten ausführten. Dadurch wurde Lena Christ der Aufenthalt in Gern verleidet, und sie trachtete, von hier fortzukommen.

Anfang März 1920 siedelte sie in eine Parterrewohnung in der Bauerstraße 40 in Schwabing um. Es war ihre letzte Station.

Das tragische Ende

Der junge Sänger kam nur ein einziges Mal in die Bauerstraße. Für ihn, der ein Engagement in Frankreich angenommen hatte, war dies die letzte Szene von vielen und das Ende einer Episode. Für Lena Christ bedeutete es einen weiteren Schritt in die Vereinsamung und das Ende einer unseligen Leidenschaft, der sie ihre Ehe und ihre letzten Kräfte geopfert hatte.

Bauerstraße 40 in Schwabing

Wenn man versucht, die Tiefen in ihrem Leben auszuloten, wenn man sich ähnelnde Begebenheiten miteinander vergleicht und sieht, wie sie sich als Kind, als Mädchen und als Frau verhielt, dann weiß man, daß sich ihr Drang zur Selbstvernichtung bis zur letzten Konsequenz steigern und ihr Leben tragisch enden mußte.

Das Frühjahr 1920 war durch steigende Arbeitslosenzahlen, Hungersnot, Krawalle und durch die Flucht in die Sachwerte, die mit zur Inflation führte, gekennzeichnet. Für Schriftsteller, die von Honoraren leben mußten, war es eine schwere Zeit. Während nämlich diese Entgelte unverändert klein blieben, bot man beispielsweise im März für ein Gramm Platin zweihundertfünfzig Mark, für einen Brillanten je Karat bis zu fünfzehntausend Mark. Der Schwarze Markt und unreelle Geschäfte blühten. Die Gewinnsucht und das Bestreben, für das immer wertloser werdende Geld Gegenstände von bleibendem Wert zu ergattern, ließ Leute, die sich bisher nicht mit Kunst befaßt hatten, wahllos nach Bildern namhafter Künstler greifen.

Diese Zeit stellte die Kulissen zum letzten Akt im Leben der Autorin. Das erwartete Wunder, daß noch von irgendwoher Geld kommen würde, blieb aus. Die Briefe an den Albert Langen Verlag wurden trotz des Wohlwollens von Korfiz Holm abschlägig beschieden. Noch weitere als die bereits bezahlten Honorarvorschüsse konnte er nicht gewähren. Lena Christ stand vor dem Nichts. Da glaubte sie einen rettenden Gedanken zu haben. Sie hoffte, daß ihr Künstler, für die sie ja wegen ihrer Erfolge längst keine Unbekannte mehr war, helfen würden. Sie stellte sich vor, daß man ihr Skizzen oder kleine Bilder schenken und sie somit in die Lage versetzen würde, durch deren Verkauf zu Geld zu kommen. Tatsächlich schickte sie ihre älteste Tochter mit dieser Bitte zu den Münchner Malern Defregger und Stuck. Aber das Mädchen kehrte unverrichteterdinge heim.

Warum Benedix von diesem Vorspiel, das ein wesentlicher Schritt auf dem bald folgenden Irrweg sein sollte, nichts berichtet, ist unklar, da ihm Lena Christ später sicherlich davon erzählt hat.

Wie jeder andere, wußte auch Lena Christ, daß nur Bilder, die mit bekannten Künstlernamen signiert waren, wohlhabende Käufer fanden. Diese Überlegung löste die Tat aus. Sie versah unbedeutende Ölgemälde aus ihrem Besitz mit den Signaturen namhafter Maler, um dann die Bilder teuer zu verkaufen.

Es ist immerhin bezeichnend für nicht wenige »Kunsthändler« jener Zeit, daß sie diese einfältigen Fälschungen, die der Stilrichtung des bezeichneten Künstlers sogar völlig zuwiderliefen, nicht erkannten oder nicht erkennen wollten und bedenkenlos weiterveräußerten.

Selbstverständlich konnte dieser Betrug auf die Dauer nicht verborgen bleiben. Wollte sie keine Anzeige riskieren, mußte sie das Geld auf schnellstem Wege an die Geschädigten zurückerstatten. Ein Teil des Erlöses war aber inzwischen verbraucht, und so blieb ihr nichts anderes übrig, als auf dem verhängnisvollen Weg der Täuschungen weiterzugehen.

Eines Tages erstattete ein Münchner Händler Anzeige bei der Kriminalpolizei, und Mitte Juni 1920 erschienen in den Zeitungen kurze Notizen über diesen Vorfall und bald darauf eine weitere Nachricht: In der verzweifelten Anstrengung, sich zu befreien, hatte sie einen Unschuldigen mit in das Lügennetz verstrickt.

In dieser Situation, in der Lena Christ völlig versagte, wuchs ihre älteste Tochter Leni über sich hinaus. In übergroßer Liebe und aus dem Bedürfnis, ihre Mutter um jeden Preis zu retten, ging sie zur Kriminalpolizei und bezichtigte sich selbst der Bildfälschung. Sie war es auch, die am Freitag, dem 25. Juni, zu Benedix eilte, stundenlang auf ihn wartete und schließlich, da er auch bei Anbruch der Dunkelheit noch nicht heimgekehrt war, einen Brief hinterließ, in dem sie ihn mit aller Eindringlichkeit bat, zu Lena Christ zu kommen.

Benedix, der bei Freunden gewesen war, kam erst spät nachts nach Hause. Es kostete ihn einige Überwindung, die in dem Brief ausgesprochene Bitte zu erfüllen; denn die Zeilen ließen keinen Zweifel, welche Rolle ihm zufallen würde.

Der Weg von der Hohenzollernstraße 34 bis zur Bauerstraße 40 dauert kaum länger als zehn Minuten. In der Parterrewohnung brannte noch Licht. Benedix klopfte auf das Fensterblech, und Lena Christ öffnete. Sie hatte auf ihn gewartet. »Sie war nur noch ein Schattenbild ihrer selbst. Der, dem sie entgegengehen wollte, hatte die Hand schon nach ihr ausgestreckt«, beschreibt Benedix seinen Eindruck.

Man hat Benedix immer wieder vorgeworfen, daß er Lena Christ im entscheidenden Augenblick seine Hilfe versagt hätte. Das mag, oberflächlich gesehen, seine Richtigkeit haben. Versucht man aber tiefer in die Geheimnisse einzudringen, dann muß man erkennen, daß sich Benedix ebenso wie ihre älteste Tochter ihrer Todesentschlossenheit beugen und zu ihrem Werkzeug werden mußten.

Wie sie Benedix an jenem Wintertag des Jahres 1911 ihre »Erinnerungen« erzählt hatte, so berichtete sie ihm nun von den letzten Monaten und Wochen.

Benedix schreibt darüber in seinem Buch: »Ich rückte mir einen Stuhl an ihr Bett und geriet unversehens in die Rolle eines Priesters, der aber schon vor der Beichte die Absolution erteilt hat. Erschien sie mir doch in ihrem leidenden Zustand und dem umflorten, gramerfüllten Blick wie eine leibhaftige Anklage ihrer selbst. Den Kopf in die Kissen gebettet, begann sie mir zu erzählen, wie alles gekommen war...«

Benedix konnte nur zuhören, »die Achseln zucken und schweigen«.

Mag Lena Christ manches in ihrem Leben spontan und unüberlegt getan haben, der Entschluß, freiwillig aus dem Leben zu scheiden, reifte unter der Einwirkung vieler Ereignisse. Es stand für sie fest, daß sie es tun würde, nur das Wie beschäftigte sie noch. Man darf es Benedix glauben, daß sie darüber mit ihm in jener Nacht vom 25. zum 26. Juni 1920 gesprochen hat. Da sie weder eine Waffe, noch Gift besaß, erwog sie, sich unter einen fahrenden Zug zu stürzen, verwarf allerdings der Kinder wegen diesen Gedanken, kaum daß sie ihn ausgesprochen hatte. Auch von der Überlegung, ins Wasser zu gehen, nahm sie wieder Abstand. Bei diesem Gespräch muß Benedix die Andeutung gemacht haben, daß er möglicherweise Gift beschaffen könne.

So erklärte es sich auch, daß sie »jetzt ihren Frieden wieder« hatte, daß sie sich einbildete, sie könnte sogar an dem Altmünchner Roman wieder weiterschreiben und »jeder Satz« würde gut werden.

Als sie eingeschlafen war, ging Benedix ins angrenzende Zimmer, um dort die paar Stunden bis zum Morgen zu ruhen. Dann tranken sie gemeinsam Kaffee. Dabei erinnerte sich Benedix, daß er kein einziges Buch von ihr besaß. Als er sich im vorausgegangenen Herbst von Lena Christ getrennt hatte, war er in seiner Verbitterung so weit gegangen, daß er sie nicht einmal um ein Werk bitten wollte. Jetzt holte er dies nach, und sie gab ihm auf seinen Wunsch den »Mathias Bichler«.

»Entstanden in den friedlichsten und schönsten Tagen meines Lebens, soll er Dir erzählen von der, die so unglücklich ist.

26. 6. 1920.«

Diese Zeilen schrieb sie ihm als Widmung in das Buch.

Zwei Begebenheiten, die zum Wesen dieser Tage gehören und einen tiefen Einblick in die Gedanken- und Gefühlswelt der Dichterin vermitteln, ja, mehr noch, eine geradezu hellseherische Fähigkeit erkennen lassen, erwähnt Benedix mit keinem Wort.

Es ist dies die Verlobung ihrer ältesten Tochter mit einem jungen Studenten aus der Nachbarschaft. Obwohl zunächst alle Voraussetzungen für eine sorgenfreie Zukunft zu fehlen schienen, wurde später, allen äußeren Widerständen zum Trotz, eine außerordentlich glückliche und harmonische Ehe daraus, die erst der Tod des Mannes zu scheiden vermochte.

Rührend ist der Abschiedsbrief, den Lena Christ an den

Verlobten ihrer Tochter richtet: »Mein geliebter Sohn, ich muß gehen. Man hetzt mich zu Tod. Mach mir das Kind glücklich und gedenke der Worte, die ich Dir sagte. Hab Dank für all Deine Liebe, Dein Verstehen, Deinen Takt. Leb wohl und nimm meinen innigsten Segenswunsch zusammen mit meinem liebsten Kind. Deine Mutter Lena Christ.«

Aus diesen Zeilen zu schließen, möchte man glauben, daß die Älteste schon immer ihr »liebstes Kind« gewesen sei. Dieser Eindruck trügt. Vor allem war der Mutter die um drei Jahre jüngere Alexandra ans Herz gewachsen. Sie spürte wohl, daß es ein schwieriges, von unglücklichen Erbanlagen belastetes Kind war, das ihre besondere Liebe brauchte.

Auf welche ausgefallenen Ideen das Mädchen kam, erzählt Benedix in seinem Buch in dem Kapitel »Von Vaterpflichten, Kindererziehung und dem neuen Roman«. Als es einmal darum ging, für die Puppenstube der ältesten Schwester Leni einen Bettvorleger zu beschaffen, versuchte die damals etwa sechsjährige Alixl das Gewünschte mit der Schere aus dem Ohr des Dackels Lumpi zu schneiden.

Die frühreife und sehr hübsche Alexandra kam nach Lena Christs Tod auf Anweisung des Vormundes, Dr. Beckstein, in das städtische Waisenhaus an der Waisenhausstraße in Neuhausen.

Später gab sie ihren Beruf als Tänzerin und Artistin an und ging ihre eigenen Wege, die sie nach Mitteldeutschland führten. Von einer schweren Krankheit befallen, kehrte sie im Jahre 1930 nach München zurück und hatte das Glück, einen gütigen und fleißigen Mann, Anton Jakob Schlageter, zu finden, mit dem sie 1932 die Ehe schloß. Wenige Monate, nachdem dieser an den Folgen einer Operation gestorben war und sie durch Zufall von der Unheilbarkeit ihrer Krankheit erfahren hatte, schied sie am 17. Februar 1933 durch Einatmen von Leuchtgas freiwillig aus dem Leben.

Alexandra Schlageter wurde im Grab ihrer Mutter beigesetzt. Unter dem Namen der Sechsundzwanzigjährigen steht der Name der am 27. August 1958 verstorbenen Berta Isaak. Sie war die Frau von Lena Christs Stiefbruder Friedrich. Sie hatte sich, als Benedix in Geldschwierigkeiten war, des Grabes angenommen, und sie hatte auch den Wunsch geäußert, bei den beiden unglücklichen Frauen begraben zu sein, um ihnen Frieden zu bringen.

Lena Christ mag das Lebensschicksal ihrer jüngsten Tochter vorausgesehen haben, als sie ihrer Ältesten gegen-

München, Bauerstraße 40/p r.
29. 6. 20

Herrn Dr. Ludwig Thoma

Sehr verehrter Herr Doktor,

wenn Sie diese Zeilen lesen, bin ich nicht mehr am Leben. Ich habe meinen Fehltritt freiwillig mit dem Opfer meines Lebens gesühnt, damit die Ehre meiner Kinder bewahrt bleibt. Bitte, bewahren Sie der Frau, die gleich Ihnen Bauerntum studierte, liebte, und beschrieb, ein gutes Andenken. Und wenn Sie können helfen Sie zwei armen Kindern zulieb zur Ehrenrettung durch ein Wort an die, die mich verstehen.
Leben Sie wohl verehrter Gönner!
Ihre unglückliche Lena Christ

über äußerte, daß sie die »Alixl« am liebsten »mitnehmen« würde. Leni aber sprach ihrer Mutter mit aller Entschiedenheit das Recht ab, über ein anderes Leben zu verfügen, und Lena Christ sah dies ein.

Mit Leni hatte sie besprochen, wie es nachher weitergehen sollte. Dazu gehörte auch die Anweisung, daß die älteste Tochter zwei Kleider schwarz färben solle, damit sie und Alexandra für den Herbst gerüstet wären. Alles war unter der Maßgabe geplant, daß es nichts oder nur wenig Geld kosten dürfe. Und wieder zeigte das Mädchen seine Größe. Obwohl es vor Schmerz hinausschreien hätte können, dachte es nur an die Mutter und daran, daß es ihr den Abschied nicht noch schwerer machen dürfe. Auch darüber, welches Kreuzl sie auf ihrem letzten Gang mitnehmen wollte, redeten sie noch.

Diese Vorbereitungen blieben natürlich auch der jüngeren Tochter nicht verborgen, und sie fragte geradeheraus, ob sich die Mama etwas antun wolle. Aber Lena Christ verneinte das und sprach von einer Reise.

Am Dienstag, dem 29. Juni, war die Leni abermals die Botin, die Benedix holte. Als er nachmittags kam, war Lena Christ damit beschäftigt, ihren Nachlaß zu ordnen. Durch Mittelsmänner hatte sie gehört, daß man sie verhaften wollte, weil man befürchtete, sie könnte sich das Leben nehmen. Dem wollte sie zuvorkommen. Benedix erläuterte dazu: »Sie saß vor mir auf einem Stuhl und meinte: ›Du willst doch wohl nicht, daß ich gezwungen bin, mir aus den Fetzen meines Gewands einen Strick zu drehen, um mich in der Zelle aufzuhängen.‹«

Daraufhin versprach Benedix, zu einem Bekannten zu gehen und ihn um Gift zu bitten.

Lena Christ war wirklich bis zum letzten entschlossen. Das Testament, das Benedix und ihre beiden Töchter zu drei gleichen Teilen bedachte, sowie etwa zehn Abschiedsbriefe, darunter einer an Korfix Holm und einer an Ludwig Thoma, waren geschrieben. Ehe Benedix ging, gab sie ihm zu verstehen, daß sie, auch wenn er das Gift nicht bekäme, morgen so oder so fortmüsse.

Benedix traf den Mann, von dem er das Gift zu erhalten hoffte, nicht an. Nach einer Weile vergeblichen Wartens kehrte er wieder zu Lena Christ zurück.

Offenbar beeindruckte sie dieser Mißerfolg aber in keiner Weise. Sie richtete auf dem Küchenbalkon ein kleines Abendessen und war von einer Gelöstheit, die wohl zu dem milden Sommerabend, nicht aber zu ihrem Plan paßte. Benedix sieht darin »die Heiterkeit des Todes«.

Nach dem Essen machten sie im nahen Luitpoldpark einen Spaziergang. Dabei kam Lena Christ nochmal auf den Altmünchner Roman zu sprechen. Sie meinte, Benedix könne diesen Stoff für eine kleine Erzählung verwenden, damit ihm ihre Arbeit noch etwas einbringe. Tatsächlich hat er später diese Arbeit zu Ende geführt und einer Zeitung zum Abdruck gegeben. Dieser Akt entsprach allein der wirtschaftlichen Notwendigkeit und diente nicht dem Ruf der Dichterin.

Auch nach dem Abendspaziergang blieb Benedix bei ihr in der Bauerstraße. Noch einmal besprachen sie alles Nötige für den kommenden Tag. Bereits im Bett liegend schrieb sie zwei weitere Briefe. Den Behörden gegenüber mußte ja der Schein, daß Benedix nichts mit ihrem Tod zu tun hatte, gewahrt werden. Einen Brief, der Benedix von ihrem Selbstmord unterrichtete und den er vorweisen konnte, gab sie ihm selbst, den andern, der für die Polizei bestimmt war, steckte sie in ihr Handtäschchen, das sie am nächsten Morgen auf ihrem letzten Weg mitnahm.

»Als sie mit dem Schreiben fertig war, fiel sie müde in die Kissen zurück und sagte: ›Jetzt will ich noch ein wenig schlafen. Komm, setz dich zu mir. Du wirst auch müde sein.‹ – Da ging ich hin und legte mich in den Kleidern neben sie aufs Bett. Ich lag auf dem Rücken, und sie schob ihren Kopf auf meine Brust und schlief ein wie ein Kind.«

Zeitig am andern Morgen – es war Mittwoch, der 30. Juni 1920 – machte Benedix den zweiten Versuch, das Gift zu beschaffen.

Er hatte mit ihr vereinbart, daß sie sich im Waldfriedhof treffen und daß sie, falls er das Gift nicht bekäme, gleich zur

Großhesseloher Brücke fahren und sich in die Tiefe stürzen würde.

So, als ob sie nichts weiter als eine Tagesreise vor sich hätte, verließ Lena Christ am Morgen das Haus. Sie trug ein schlichtes schwarzes Seidenkleid und einen Sommerhut. In den Händen hielt sie einen Schirm und das Handtäschchen. Die Kinder standen am Fenster und schauten ihr nach. Sie winkte zurück. Dann fuhr sie mit der Trambahn zum Harras. Von dort aus ging sie zu Fuß weiter zum Waldfriedhof. Unterwegs hatte sie noch einmal Zeit, über alles nachzudenken und sich auch mit ihrem Herrgott auseinanderzusetzen. » ... und der hatte ihr gesagt, daß es so gut sei«, so überliefert Benedix ihr letztes Gespräch.

An der vereinbarten Stelle traf sie Benedix. Er hatte das Gift – es handelte sich um Zyankali – erhalten und übergab ihr das Fläschchen. Er erklärte ihr auch, daß sie an dem geöffneten Glas nicht riechen dürfe, weil sie sonst nur betäubt würde. Sie müsse den Inhalt in einem Zug trinken. Auch an ihr Versprechen, daß sie ihm ein Zeichen aus dem Jenseits geben wolle, erinnerte er sie noch. Tatsächlich soll sie nach ihrem Tode, wie Benedix in seinem letzten Buchkapitel »Von diesseitigen und jenseitigen Dingen« versichert, vielfältig Zeugnis gegeben haben. Auch Lena Christs Tochter Leni hat, wie sie berichtet, einige dieser Erscheinungen miterlebt.

Lena Christ blieb bis zum letzten Augenblick völlig ruhig. Nachdem sie sich bei Benedix herzlich bedankt, ihn nochmals um Verzeihung gebeten und sich mit einem Kuß verabschiedet hatte, ging sie – denn sie durften ja nicht miteinander gesehen werden – das Ende des Weges allein.

Mit dem Grab, an dem sie sterben wollte, hatte es eine besondere Bewandtnis. Der Vater des Sängers ruhte dort. Und einmal, als sie in längstvergangenen glücklichen Tagen mit dem Geliebten dieses Grab besuchte, »fielen wie vom Himmel frische Veilchen auf das Grab«. Lena Christ hatte das ihrer ältesten Tochter, die in den letzten Monaten zu ihrer Vertrauten geworden war, erzählt. Benedix, der im Zusammenhang mit den von ihm inszenierten spiritistischen Sitzungen Ähnliches berichtet, erwähnt nichts von dieser Erscheinung.

Aus Lena Christs letzten Briefen, Worten und Handlungen spricht keinerlei Sentimentalität. Auch ihr inniges Verhältnis zu Gott, an dem sie nie gezweifelt und den sie auch nie für ihr Unglück verantwortlich gemacht hat, ist keine

Grabstätte im Münchner Waldfriedhof
in der Sektion 44

Sentimentalität, sondern entspringt der vererbten bäuerlichen Gläubigkeit. Aber weist die Dichterin in der Wahl ihrer Todesstätte nicht auf etwas hin, das sie in ihrem Leben immer gesucht, aber wohl nur für die Frist eines Jahres gefunden hat: die Romantik?

Niemand weiß mit Sicherheit zu sagen, ob Benedix, nachdem sie an jenem Grab ihr letztes Gebet verrichtet, aus der Ferne das Erlöschen ihres Lebens beobachtet hat. Manche Formulierungen, die er später Freunden und Bekannten gegenüber gebraucht hat, lassen darauf schließen. Auch daß er im Besitz eines von der Kriminalpolizei am Sterbeort gemachten Photos seiner Frau gewesen sei, das er lange bei sich getragen haben soll, spricht dafür, daß er mit der Last, die er sich aufgebürdet hatte, viele Jahre nicht fertiggeworden ist.

Benedix mußte im Münchner Waldfriedhof seine Rolle noch zu Ende spielen. Nach einer Weile begab er sich zur Friedhofskanzlei und wies den von Lena Christ geschriebenen Brief vor, in dem zu lesen war, daß sie ihr »verpfuschtes Leben« im Waldfriedhof beenden und dort auch begraben sein wolle.

Der 30. Juni 1920 war ein strahlendblauer Sommertag. Lena Christ hatte einmal gesagt, wieviel schwerer es sei, am Morgen »fortzugehen«. Sie tat es. Es war ihr Schicksal.

ANHANG

Werke von Lena Christ, Erstausgaben

Erinnerungen einer Überflüss'gen
München, Albert Langen, 1912

Lausdirndlgeschichten
München, Martin Mörikes Verlag, 1913

Mathias Bichler, Roman
München, Albert Langen, 1914

Unsere Bayern anno 14, Erster Teil
München, Albert Langen, 1915

Unsere Bayern anno 14/15, Zweiter Teil
München, Albert Langen, 1915

Unsere Bayern anno 14/15, Dritter Teil
München, Albert Langen, 1915

Die Rumplhanni, Eine Erzählung
München, Albert Langen, 1916

Bauern, Bayerische Geschichten
Leipzig, Paul List Verlag, 1919

Madam Bäurin, Roman
Leipzig, Paul List Verlag, 1919

Aus meiner Kindheit
München, Langens Kleine Bücherei Nr. 102, 1938 (Auswahl aus »Erinnerungen einer Überflüssigen«)

Literatur und Quellen

Benedix Peter, *Der Weg der Lena Christ,* Wien 1940, zweite veränderte Auflage, München 1950.

Christ Lena, *Lausdirndlgeschichten,* München 1913.

Christ Lena, *Unsere Bayern anno 14.* Erster Teil. München 1915.

Christ Lena, *Unsere Bayern anno 14/15.* Zweiter Teil. München 1915.

Christ Lena, *Werke* (Erinnerungen einer Überflüssigen, Mathias Bichler, Die Rumplhanni, Madam Bäurin, Bauern). München 1970.

Gugel Adelheid von, *Lena Christ,* Dissertation. München 1959.

Queri Georg, *Bauernerotik und Bauernfeme.* München 1911.

Roth Adolf, *Die Herkunft der Lena Christ.* In: Schönere Heimat, Jahrgang 46, Heft 2/1957.

Stadtarchiv München, *Einbürgerungsakten, Meldebogen, Einwohnerkartei usw.*

Thoma Ludwig, *Ein Leben in Briefen.* München 1963.

Thoma/Queri, *Bayernbuch.* München 1913.

Weiss Ferdl, *Weiß Ferdl erzählt sein Leben.* München 1951.

Ziersch Walter, *Ludwig Thoma, Geschichte seiner Liebe und Ehe.* München 1928.

Zimmermann E., *Bayerische Klosterheraldik.* München 1930.

Zeittafel

1881 30. Oktober: Lena Christ in Glonn geboren. Mutter: Magdalena Pichler. Mutmaßlicher Vater des ledigen Kindes: Karl Christ, der jedoch nicht, wie von der Mutter behauptet, später als Auswanderer mit der »Cimbria« untergegangen ist. Lena verlebt ihre Kindheit beim Großvater Mathias Pichler in Glonn.

1888 Die Mutter, verheiratet mit dem Metzger und Schenkkellner Josef Isaak, holt das Kind nach München. Den Eltern gehört an der Adalbertstraße 15 ein Restaurant.

1889 Der Stiefvater übernimmt in der Glückstraße 13 eine Metzgerei mit Gastwirtschaft.

1890 Josef Isaak erwirbt das Haus Buttermelcherstraße 21 mit einer Altmetzgerei. Erste schwere Ausschreitungen der Mutter gegen die Tochter

1893/94 Nachdem der Stiefvater vorübergehend eine Kantine im Lechfeld geführt hat, übernimmt er eine Gastwirtschaft in München, Sandstraße 34 (jetzt 45). Lena hilft in der Wirtschaft und im Haushalt.

1898/99 Novizin im Kloster Ursberg in Schwaben.

1900 Rückkehr ins Elternhaus.
Erneute Zerwürfnisse zwischen Mutter und Tochter. Selbstmordversuch Lenas. Nach ihrer Genesung arbeitet sie in der Gaststätte Floriansmühle als Köchin und Bedienung. Nochmals Rückkehr in die Sandstraße.

1901 Verehelichung mit dem Buchhalter Anton Leix. Wohnung im Haus der Schwiegereltern, Sandstraße 3.

1904/05 Anton Leix in finanziellen Schwierigkeiten; er zieht mit seiner Familie in die Loristraße 2.

1906 Umzug nach Linprunstraße 49 (heute 35).

1907 Neue Wohnung in der Sternstraße 10.

1908 Umzug nach Klenzestraße 13.

1909 Lena trennt sich von Anton Leix. Von den drei Kindern aus ihrer Ehe kommt der Sohn zu seinen Großeltern väterlicherseits; die beiden Mädchen finden mit ihrer Mutter kostenlose Unterkunft in einem Neubau in Haidhausen. Lebensunterhalt durch Schreibarbeiten.

1910 Lena Christ lungenkrank. Auf Veranlassung der Stadt München in ein Krankenhaus eingewiesen, die beiden Töchter in ein katholisches Kinderheim.

148

1911   Diktatschreiberin bei dem Schriftsteller Peter Jerusalem, der
        sich später Peter Benedix nennt, in der Hohenzollernstraße 34.
        Vorübergehender Aufenthalt in Fürstenfeldbruck. Von Bene-
        dix angeregt: Beginn der Arbeit an Lena Christs erstem Ro-
        man, »Erinnerungen einer Überflüssigen«. Erneuter Aufent-
        halt im Schwabinger Krankenhaus, wo der Roman vollendet
        wird. Ludwig Thoma vermittelt zum Verlag Albert Langen.

1912   28. August: Verehelichung mit Peter Benedix. Einmietung in
        eine Mansardenwohnung in Gern, Wilhelm-Düll-Straße 5.
        Heimholung der beiden Töchter. Die »Erinnerungen einer
        Überflüssigen« erscheinen. Entstehung der »Lausdirndlge-
        schichten«.

1913   Im März: Beginn der Arbeit an dem Roman »Mathias
        Bichler«.

1914   11. Februar: »Mathias Bichler« vollendet. Im April Umzug
        nach Nymphenburg, Pilarstraße 2. Sommerurlaub in Lindach
        unweit von Glonn.

1915/16 Skizzen zum Thema Kriegsausbruch erscheinen in der Reihe
        von Langens Kriegsbüchern unter dem Titel: »Unsere Bayern
        anno 14«. Zwei Fortsetzungsbändchen der Kriegsskizzen. Die
        Autorin wird von König Ludwig III. zu Tisch geladen.

1916   Niederschrift der Erzählung »Die Rumplhanni« großenteils in
        Lindach; Erscheinen des Werkes im Spätherbst. Woh-
        nungswechsel nach Kuglmüllerstraße 78 (jetzt 20); dort Selbst-
        versorgung durch Geflügel- und Kleintierhaltung.

1917   Am Ludwigstag (25. August): Lena Christ bei Ludwig Thoma
        auf der Tuften. Im Herbst Auflösung des Münchner Haushalts
        und Übersiedlung nach Landshut, wohin Peter Benedix als
        Soldat kommandiert worden ist. Dort möblierte Behausung
        an der Maximilianstraße 8.

1917/18 Es entstehen einige Theaterstücke, eine Sammlung von Erzäh-
        lungen unter dem Titel »Bauern« und der Anfang des Romans
        »Madam Bäurin«. Die Verbindung mit Peter Benedix, der an
        der Front ist, beginnt sich zu lösen.

1919   Vollendung von »Madam Bäurin«. Die Autorin folgt einem
        jüngeren Mann, den sie in Landshut kennengelernt hatte, nach
        München. Wohnung zunächst in einem Atelier, Winthirstra-
        ße 41, dann in einer Villa in der Tizianstraße.

1920   Ab Anfang März letztes Domizil in Schwabing, Bauerstraße
        40/0. In bedrängter Lage Aussöhnung mit Benedix, dessen
        Obhut die beiden Töchter anvertraut werden. Am 30. Juni
        Freitod im Münchner Waldfriedhof, wo sich in der Sektion 44
        Lena Christs Grabstätte befindet.

Bild- und Handschriftennachweis

Folgende Leihgeber haben dokumentarisches Material zur Verfügung gestellt:

Lena Dietz: Geburtshaus in Glonn (S. 13); Geburtsurkunde (S. 8); Hochzeit mit Anton Leix (S. 63); Familie des Bräutigams (S. 65); Lena und Toni (S. 67); Toni und Leni (S. 69); Peter Jerusalem (S. 73); Lena Christ um 1911 (S. 78); Lena Christ, etwa 30 Jahre alt (S. 87); Pilarstr. 2 in Nymphenburg (S. 96); Lena Christs Töchter, Alexandra und Leni (S. 105).

Bernhard Emmering: Haus Wilhelm-Düll-Str. 5 in Gern (S. 83).

Günter Goepfert: Gastwirtschaft Ecke Sand- und Kreitmayrstr. (S. 33); Hof des Wimmerbauern in Lindach (S. 110); Bauerstr. 40 (S. 132); Grabstätte im Münchner Waldfriedhof (S. 142).

Handschriften-Abteilung der Stadtbibliothek München: Manuskriptseite aus »Mathias Bichler« (S. 94); Manuskriptseite aus »Die Rumplhanni« (S. 108).

Josef Isaak: Lena Christ, etwa 17 Jahre alt (S. 43); Mutter und Stiefvater der Lena Christ (S. 44); Die Stiefbrüder Isaak (s. 50).

Anna Kaltenbach: Die Floriansmühle um die Jahrhundertwende (S. 55).

Maidi von Liebermann: Letzter Brief an Ludwig Thoma (S. 138).

Luise Maendl: Letztes Foto der Lena Christ (S. 125).

Monacensia-Abteilung der Stadtbibliothek: Großvater Mathias Pichler (S. 12).

Stadtmuseum München: Münchner Marienplatz im Jahre 1892 (S. 22).

Werdenfelser Anzeiger: Annonce vom 7. Juni 1919 (S. 128).

Personenregister